Elizabeth Storz

Psychopharmakamarkt in Deutschland

Eine Untersuchung zu den Strukturveränderungen durch das Arzneiversorgungs-Wirtschaftlichkeitsgesetz (AVWG)

SCHRIFTENREIHE MASTERSTUDIENGANG CONSUMER HEALTH CARE

herausgegeben von Prof. Dr. Marion Schaefer

ISSN 1869-6627

1 *Lena Harmann*
Patienteninformation und Shared Decision Making im Lichte des Publikumswerbeverbotes für verschreibungspflichtige Arzneimittel
ISBN 978-3-8382-0056-9

2 *Janna K. Schweim*
Untersuchungen zum Arzneimittelversandhandel aus Verbrauchersicht
ISBN 978-3-8382-0071-2

3 *Ansgar Muhle*
Deutsche Gesundheitsportale im Netz
Kritische Einschätzung anhand der gängigen Qualitätssiegel
ISBN 978-3-8382-0086-6

4 *Elizabeth Storz*
Psychopharmakamarkt in Deutschland
Eine Untersuchung zu den Strukturveränderungen durch das Arzneiversorgungs-Wirtschaftlichkeitsgesetz (AVWG)
ISBN 978-3-8382-0109-2

In Vorbereitung:

Karin Agor
Zur Evaluation eines multizentrischen Versorgungsmodells für die Notfallversorgung von Patienten mit akutem Koronarsyndrom im Rahmen des Projektes ‚Hamburg gegen den Herzinfarkt' (2005)
ISBN 978-3-8382-0090-3

Ursula Sellerberg
Vergleich und Bewertung ausgewählter verbraucherorientierter Heilpflanzen-Datenbanken im Internet
ISBN 978-3-8382-0092-7

Elizabeth Storz

PSYCHOPHARMAKAMARKT IN DEUTSCHLAND

Eine Untersuchung zu den Strukturveränderungen durch das Arzneiversorgungs-Wirtschaftlichkeitsgesetz (AVWG)

ibidem-Verlag
Stuttgart

Bibliografische Information der Deutschen Nationalbibliothek
Die Deutsche Nationalbibliothek verzeichnet diese Publikation in der Deutschen Nationalbibliografie; detaillierte bibliografische Daten sind im Internet über http://dnb.d-nb.de abrufbar.

Bibliographic information published by the Deutsche Nationalbibliothek
Die Deutsche Nationalbibliothek lists this publication in the Deutsche Nationalbibliografie; detailed bibliographic data are available in the Internet at http://dnb.d-nb.de.

∞

Gedruckt auf alterungsbeständigem, säurefreien Papier
Printed on acid-free paper

ISSN: 1869-6627

ISBN-10: 3-8382-0109-4
ISBN-13: 978-3-8382-0109-2

Printed in Germany

Inhaltsverzeichnis

Zusammenfassung

Mögliche Auswirkungen des Arzneiversorgungs-Wirtschaftlichkeitsgesetzes (AVWG) auf das Verordnungsverhalten der Ärzte und die Versorgungssituation der Versicherten der gesetzlichen Krankenversicherungen (GKV) in Deutschland wurden am Beispiel der Psychopharmaka untersucht. Dazu wurden Verordnungsdaten von Verschreibungen zu Lasten der GKV von 63 Wirkstoffen mit zugeordneten ATC-Codes hinsichtlich Anzahl Verordnungen, Bruttoumsatz und Anzahl DDD (Defined Daily Dose) aus den Jahren 2005 und 2006 herangezogen. Die 63 Wirkstoffe waren den Indikationsgruppen Antidepressiva, Neuroleptika und Anxiolytika zugeordnet. Eingeschlossen in die Auswertungen wurden Verordnungen, die sowohl von Nervenärzten als auch von Internisten und Allgemeinmedizinern veranlasst wurden.

Der Bruttoumsatz sowie die Zahl der verordneten DDD der Psychopharmaka insgesamt stieg von 2005 zu 2006 an, wohingegen bei der Anzahl der Verordnungen ein leichter Rückgang zu verzeichnen war. Es kam zu Mehrausgaben von 95 Mio. Euro bei den Psychopharmaka, was einer Zunahme von mehr als 6 % entspricht. Die Ausgabensteigerungen wurden insbesondere durch die gestiegenen Verschreibungen von kostenintensiven atypischen Neuroleptika verursacht, wohingegen die Ausgaben bei den Antidepressiva und Anxiolytika zurückgingen. Nichtsdestotrotz stieg die Zahl der verschriebenen DDD der selektiven Antidepressiva kontinuierlich in 2005 und 2006 an. Die DDD-Verbräuche der älteren Substanzklassen der klassischen Neuroleptika und trizyklischen Antidepressiva stagnierten hingegen. Die Verordnung von Anxiolytika zu Lasten der GKV hat hinsichtlich der Kosten und der Anzahl der DDD eine untergeordnete Bedeutung. Bei allen Wirkstoffgruppen war ein relativ deutlicher Anstieg bei den verordneten DDD im 4. Quartal 2006 zu sehen.

Differenziert man darüber hinaus regional, ist die Versorgungssituation der GKV-Versicherten mit Psychopharmaka in Deutschland sehr heterogen. Während es bei der Versorgung mit Antidepressiva ein Nord-Süd-Gefälle mit einer höheren Versorgung im Süden Deutschlands gibt, erhalten durchschnittlich mehr Patienten im Süd-Westen und Norden Deutschlands wenigstens eine Standarddosis Neuroleptika pro Tag. Außerdem fiel ein höherer Versorgungsgrad in den Stadtstaaten, wie Berlin und Bremen, im Vergleich zu den angrenzenden Bundesländern auf.

Die ausgewerteten Daten deuten nicht auf eine generelle Unterversorgung mit Psychopharmaka hin, wobei es jedoch lokale Unterschiede je nach Arzt- und Facharztdichte gibt. Ein wichtiges Ziel des AVWG, nämlich eine Reduktion der Kosten für Arzneimittel herbeizuführen, konnte zumindest für die Gruppe der Psychopharmaka nicht erreicht werden.

1 Einleitung

Die im Durchschnitt immer älter werdende Bevölkerung in Deutschland und die damit verbundenen weiter steigenden Kosten bzw. Aufwendungen im Gesundheitsbereich machen es notwendig, Einsparmöglichkeiten für das auf dem Solidarprinzip beruhende System der gesetzlichen Krankenversicherung (GKV) zu schaffen. Steigende Arzneimittelkosten sind ein nicht zu vernachlässigender Faktor der Ausgabenentwicklung im Gesundheitswesen. Auch in jüngerer Zeit, d. h. von 2005 zu 2006, stiegen die durchschnittlichen Ausgaben für Arzneimittel je GKV-Versichertem in Deutschland um 5,2 % an [1]. Nach den Kosten für Krankenhausbehandlung mit einem Anteil von 35 %, folgten in den ersten zwei Quartalen 2006 die Kosten für Arzneimittel mit einem Anteil von 18 % an zweiter Stelle, vor den Kosten für ärztliche Behandlung mit einem Anteil von 15 %.

Die Gründe für immer weiter steigende Kosten im Gesundheitswesen sind vielfältig. Zu ihnen gehören eine immer älter werdende Gesellschaft, der medizinische Fortschritt und damit verbesserte Behandlungsmöglichkeiten und eine bessere Versorgung mit Arzneimitteln, nicht zuletzt auch bedingt durch neue Wirkstoffe.

In den vergangenen Jahren gab es zahlreiche Gesundheitsreformen mit entsprechenden Gesetzen, die zu Einsparungen im Gesundheitswesen führen sollten. Das Gesetz zur Verbesserung der Wirtschaftlichkeit in der Arzneimittelversorgung (auch: Arzneimittelversorgungs-Wirtschaftlichkeitsgesetz AVWG) trat am 1. Mai 2006 in Kraft [2]. Darin wurden in Änderung des Fünften Buchs Sozialgesetzbuch (SGB V) Bestimmungen eingeführt, woraus Einsparungen für die GKV folgen sollen. Maßnahmen, die zu diesem Ziel führen sollen, sind beispielsweise:

- die sogenannte Bonus-Malus-Regelung (Überschreitungsbeitrag)
- Zuzahlungsfreiheit für Arzneimittel mit einem Preis, der 30 % unter Festbetrag liegt
- Absenkung der Festbeträge
- ein Preisstopp bei den Arzneimitteln für zwei Jahre
- ein Rabatt von 10 % auf Generika und
- die Möglichkeit der Krankenkassen, mit den Arzneimittelherstellern Rabattverträge zu vereinbaren.

Hinsichtlich der Arzneimittel, die 30 % unter dem Festbetrag (maximal erstattungsfähiger Betrag) liegen und für die die Patienten seit dem 01.07.2006 keine Zuzahlungen mehr leisten müssen, veröffentlichen die Krankenkassen auf ihren Seiten Listen mit zuzahlungsfreien Medikamenten, um so auch die Eigenverantwortlichkeit der Patienten hinsichtlich von Einsparungen zu fördern [2].

Die oben aufgeführten Maßnahmen sollen vor allem Einfluss auf das Verordnungsverhalten von Ärzten nehmen und auf diesem Wege zu Einsparungen für die gesetzlichen Krankenkassen beitragen. Der Anspruch laut SGB V nach einer wirtschaftlichen, notwendigen und nach dem allgemein anerkannten Stand der medizinischen Erkenntnisse begründeten Versorgung für die Patienten soll aber weiterhin Bestand haben.

Im Jahr 2005 gab es in Deutschland 131.802 Vertragsärzte. Eine relativ kleine Gruppe hiervon, nämlich 6.396 Ärzte, also rund 5 %, sind der Psychiatrie zuzuordnen. Dazu zählen Nervenärzte, Neurologen und Psychiater, sowie Kinder- und Jugendpsychiater, im Folgenden Nervenärzte genannt [3].

In der vertragsärztlichen Versorgung wurden im Jahr 2005 insgesamt 591 Mio. Verordnungen ausgestellt. Die Gruppe der Nervenärzte verschrieb insgesamt 20 Mio. Arzneimittelpackungen (entsprechend 3,4 %), Bezogen auf den einzelnen Nervenarzt waren das durchschnittlich 3.137 Packungen. Der Durchschnitt aller Arztgruppen lag bei 4.485 Packungen. Die durchschnittlichen Kosten einer Verordnung eines Nervenarztes betrugen 89,90 € und lagen damit am höchsten von allen Arztgruppen. Die niedrigsten durchschnittlichen Kosten einer Verordnung hatten die Kinderärzte mit 14,45 €.

Eine weitere Möglichkeit für eine vergleichende Darstellung von Verordnungen sind definierte Tagesdosen, auch DDD (Defined Daily Dose), genannt. Das Verordnungsvolumen betrug im Jahr 2005 120.000 DDD pro Nervenarzt. Dies liegt deutlich unter dem Durchschnitt von 215.000 DDD bezogen auf alle Ärzte. Der durchschnittliche Umsatz pro Nervenarzt war 282.000 €. Der Durchschnitt aller Ärzte betrug 179.000 €. Dies bedeutet, dass die Nervenärzte im Gegensatz zu anderen Arztgruppen mengenmäßig weniger aber gleichzeitig kostenintensivere Arzneimittel verordnen [3].

Das SGB V sieht in § 73 (8) vor, dass zur Sicherung der wirtschaftlichen Verordnungsweise u. a. ein unmittelbarer Vergleich von Arzneimitteln im gleichen Indikationsgebiet hinsichtlich des Preises genutzt werden soll. Dies soll mittels der Angabe der Kosten je Tagesdosis (DDD) nach der anatomisch-therapeutisch-chemischen Klassifikation (ATC) erfolgen.

Für 2005 ergab sich bezogen auf die durchschnittlich von jedem Nervenarzt verordneten DDD ein theoretischer Preis von 2,35 € je DDD und lag damit an erster Stelle. Im Vergleich dazu lagen die theoretischen durchschnittlichen Kosten einer DDD bei den schon oben zu einem Vergleich herangezogenen Verordnungen von Kinderärzten bei 0,82 € [3]. Diese Angaben können nur als grobe Richtgröße dienen, da hier Durchschnittswerte von Arzneimitteln aus verschiedenen Indikationsgruppen gebildet wurden.

Dennoch bieten die Unterschiede bei den Verordnungen einen interessanten Ansatzpunkt, die Verordnungsweise bzw. Veränderungen aufgrund von verordneten Sparauflagen des AVWG bei der Arztgruppe der Nervenärzte näher zu untersuchen.

2 Aufgabenstellung und Zielsetzung

Die Untersuchung besteht aus zwei Teilen. Zum einen wurde die Entwicklung von zu Lasten der GKV verordneter Arzneimittel am Beispiel von Psychopharmaka in den Jahren 2005 und 2006 untersucht. Die Arzneimittelgruppe der Psychopharmaka wurde gewählt, da hier das Preisgefüge der Arzneimittel aufgrund vieler höherpreisiger Präparate sehr unterschiedlich ist. Damit wurde überprüft, ob insbesondere im Hinblick auf das Inkrafttreten des AVWG zum 01.05.2006, Einsparungen im Gesundheitswesen zu erreichen waren.

Zum anderen wurde die Versorgungssituation der Patienten in Deutschland mit Psychopharmaka hinsichtlich regionaler Unterschiede bei Art und Menge der verordneten Arzneimittel im Vergleich der Jahre 2005 und 2006 analysiert, um eine mögliche Unter- oder Überversorgung mit Psychopharmaka zu erkennen.

3 Psychopharmaka

Arzneimittel, die die Psyche beeinflussen, werden Psychopharmaka genannt. Sie werden zur Behandlung psychischer Erkrankungen und zur Beseitigung oder Abschwächung psychopathologischer Syndrome eingesetzt. Über den Wirkungsmechanismus von Psychopharmaka und über die Ursachen von psychischen Erkrankungen sind auch heutzutage nur Teilaspekte bekannt. Man geht jedoch davon aus, dass psychische Erkrankungen auf Neurotransmitterstörungen, insbesondere von Dopamin, Noradrenalin und Serotonin, zurückzuführen sind, die als Folge zu Veränderungen der Rezeptorverteilung und –dichte führen. Psychopharmaka sollen somit durch Interaktion mit den Neurotransmittern in die nervale Regulation eingreifen und dadurch das gestörte Neurotransmittergleichgewicht zumindest teilweise wiederherstellen [5, 6].

In Tabelle 1 wird eine Einteilung der Psychopharmaka getroffen. Ebenfalls aufgeführt sind die synonymen Bezeichnungen sowie die jeweiligen Hauptindikationen.

Tab. 1: Einteilung von Psychopharmaka [5, 7]

Gruppe	Synonyme	Hauptindikation
Antidepressiva	-	Depressionen, affektive Störungen
Neuroleptika	Antipsychotika, Major Tranquilizer, Psycholeptika	Schizophrenie, Manien, organische Psychosyndrome, Erregungs- und Angstzustände, Alkoholentzugssyndrom
Anxiolytika	Tranquillantien, Minor Tranquilizer, Ataraktika	Angstzustände, neurotische Erkrankungen, psychovegetative Störungen
Stimmungstabilisatoren	-	Bipolare Störungen, Manien
Psychostimulantien	Psychotonika, Stimulantien	Hyperkinetisches Syndrom, Narkolepsie
Psychotomimetika	Psychodysleptika, Halluzinogene	(experimentelle) Erzeugung von Modellpsychosen

Die Einteilung der Psychopharmaka orientiert sich an ihrer Hauptindikation bzw. den psychopathologischen Symptomen, die durch die Stoffe beeinflusst werden (Tabelle 1 [5, 7]).

In den folgenden Kapiteln werden die Indikationsgruppen der Antidepressiva, Neuroleptika inkl. Stimmungsstabilisatoren und Anxiolytika näher erläutert. Die Gruppen der Psychostimulantien und Psychotomimetika waren nicht Gegenstand der vorliegenden Untersuchung und sind nur der Vollständigkeit halber in Tabelle 1 aufgeführt.

3.1 Antidepressiva

Affektive Störungen äußern sich vorwiegend durch Gefühls-, Stimmungs- und Antriebsveränderungen. Dies kann sich durch entgegengesetzte Ausprägungen, wie einer Depression (den Lebensumständen nicht entsprechende psychische Verstimmung) oder einer Manie (gehobene Stimmung und gesteigerter Antrieb) äußern. Es kommen sowohl unipolare depressive Störungen und manische (unipolare) Episoden, als auch bipolare (manisch-depressive) Störungen vor, die unterschiedlich pharmakologisch behandelt werden [10]. Affektive Störungen zählen zu den häufigsten psychischen Erkrankungen.

Die Angaben in der Literatur zur Prävalenz depressiver Störungen variieren. In Deutschland leidet etwa 5 % der Bevölkerung (Punktprävalenz; Anzahl der Erkrankten zu einem bestimmten Zeitpunkt) an einer behandlungsbedürftigen Depression [9]. Andere Quellen geben Zahlen von über 10 % Punktprävalenz aller depressiven Störungen an, die schweren behandlungsbedürftigen Depressionen liegen bei 2 bis 7 %. Die Lebenszeitprävalenz, also das Risiko einer Person, im Laufe des Lebens mindestens einmal an einer Depression zu erkranken, wird mit 7 bis 18 % angegeben [10]. Es existieren auch Angaben, dass bis zu 17 % der Erwachsenen in Deutschland unter depressiven Störungen unterschiedlicher Schweregrade leiden [11]. Die Inzidenz, also die Zahl der Neuerkrankungen pro Jahr, wird auf mehr als 10 % geschätzt, wobei Frauen etwa doppelt so häufig erkranken wie Männer [5].

Unter Antidepressiva versteht man Wirkstoffe, die bei affektiven Störungen eingesetzt werden und somit depressive Symptome bessern können. Dazu zählen Depressionslösung, Aufhellung pathologisch gesenkter Grundstimmung,

Antriebssteigerung und Dämpfung psychomotorischer Unruhe. Manche Antidepressiva üben auch angstlösende Effekte aus und wirken gegen Zwangs- und Essstörungen. Antidepressiva werden sowohl bei akuten Symptomen, als auch zur Prophylaxe bei rezidivierend verlaufenden affektiven Erkrankungen eingesetzt [7]. Antidepressiva verfügen, auch bei längerer Einnahme, über kein Abhängigkeitspotential [11].

In den 1950er Jahren wurden Antidepressiva entdeckt und Ansätze von mutmaßlichen Wirkprinzipien untersucht [11]. Der exakte Wirkmechanismus ist nicht geklärt, jedoch greifen Antidepressiva vermutlich in den Neurotransmitter-Stoffwechsel sowie in die Neurotransmitter-Rezeptor-Wechselwirkung ein [5]. Die meisten Antidepressiva hemmen die Wiederaufnahme von Noradrenalin und/oder Serotonin aus dem synaptischen Spalt und verlängern somit deren Interaktion mit den entsprechenden Rezeptoren. Des Weiteren kommt es bei einigen Stoffen, insbesondere den älteren Wirksubstanzen, zu einer Blockade von Neurotransmitter-Rezeptoren (serotonerg, α-adrenerg, histaminerg und dopaminerg). Man nimmt an, dass es durch die beiden Wirkprinzipien zu einer Änderung der Rezeptordichte der verschiedenen Neurotransmitter-Rezeptoren kommt (z. B. Down-Regulation von β-Rezeptoren) und somit Antidepressiva regulierend in die zentrale noradrenerge und serotonerge Neurotransmission eingreifen [5]. Eine „Down-Regulation" von β-Rezeptoren (adaptive Veränderungen) könnte auch erklären, warum die klinische Wirkung von Antidepressiva nicht sofort nach Applikation, sondern mit einer gewissen Latenz von ein bis drei Wochen eintritt [5, 7, 11].

Ältere Antidepressiva werden nach ihrer chemischen Struktur in tri- und tetrazyklische Antidepressiva untergliedert. Im Gegensatz dazu werden die neueren antidepressiven Wirkstoffe aufgrund ihrer Wirkungen bzw. Wirkmechanismen auf die Serotonin- und/oder Noradrenalin-Wiederaufnahmehemmung klassifiziert [13]. Hierzu zählen die

- selektiven Serotonin-Wiederaufnahmehemmer (SSRI)
- selektiven Noradrenalin-Wiederaufnahmehemmer (SNRI)
- selektiven Serotonin- und Noradrenalin-Wiederaufnahmehemmer (SSNRI)
- noradrenergen und spezifisch serotonergen Antidepressiva (NaSSA) und
- Monoaminoxidase-Hemmstoffe (MAO-Hemmer).

Zusätzlich zu den genannten Wirkstoffgruppen, werden insbesondere in Deutschland Johanniskrautextrakte bei leichten und mittelschweren Depressionen eingesetzt.

3.1.1 Trizyklische Antidepressiva

Trizyklische Antidepressiva (TZA, auch Trizyklika), benannt nach ihrer chemischen Grundstruktur, zählen zu den nichtselektiven Serotonin/ Noradrenalin-Wiederaufnahmehemmern (auch nichtselektive Monoamin-Wiederaufnahmehemmer – NSMRI). Sie hemmen u. a. die Wiederaufnahme von Noradrenalin und Serotonin aus dem synaptischen Spalt ins Axoplasma. Die Wirkung erfolgt unspezifisch auf alle Neurotransmitter (je nach Wirkstoff unterschiedlich stark), deshalb wird die Gruppe als „nichtselektiv" bezeichnet. Die Wirkstoffe leiten sich von den trizyklischen Phenothiazin- und Thioxanthen-Neuroleptika ab (s. Kapitel 3..2.1), verfügen jedoch im Gegensatz zu den vorgenannten Gruppen über ein stark gewinkeltes Grundgerüst [5, 7]. Je nach Substitution des Dreiringgrundgerüsts wirken die Stoffe eher ausgeprägter antriebssteigernd, andere hingegen stärker anxiolytisch [7].

Die erste Substanz dieser Wirkstoffklasse war Imipramin, das 1957 auf den Markt kam. Es folgte 1962 Amitriptylin, das bis zum Aufkommen der selektiven Serotonin-Wiederaufnahmehemmer (s. Kapitel 3.1.2) das weltweit am häufigsten verwendete Antidepressivum war [5].

Aufgrund ihrer unspezifischen Neurotransmitterwirkung können die trizyklischen Antidepressiva, außer ihrer Wirkung gegen depressive Symptome, zudem eine Reihe von unerwünschten Nebenwirkungen hervorrufen. Dazu gehören Gewichtszunahme und Sedierung durch Histamin-Rezeptorblockade, Mundtrockenheit und Obstipation durch Blockade muscarinischer Acetylcholinrezeptoren, sowie Kreislaufdysregulation (Tachykardie, Blutdrucksenkung) durch Blockade α–adrenerger Rezeptoren. Durch die Modulation von Ionenkanälen kann Kardiotoxizität (u. a. Überleitungsstörungen) insbesondere bei Überdosierung resultieren. Zudem können auftretender Tremor und Erregungszustände durch die Neurotransmitterwirkung erklärt werden [5, 11].

3.1.2 Selektive Serotonin-/Noradrenalin-Wiederaufnahmehemmstoffe

Beginnend Mitte der 1980er Jahre wurden die ersten Wirkstoffe der selektiv-serotonergen Antidepressiva, die selektiven Serotonin-Wiederaufnahmehemmer (SSRI) zugelassen [11]. Es handelt sich um eine pharmakologisch sehr homogene Wirkstoffklasse. Die SSRI binden selektiv am Serotonin-Transporter, inhibieren diesen und erhöhen dadurch die Serotonin-Konzentration im synaptischen Spalt. An allen anderen Monoamin-Transportern wirken sie nicht oder nur schwach. Die einzelnen Wirkstoffe unterscheiden sich in ihrer Selektivität. Citalopram beispielsweise wirkt hochselektiv mit einem Selektivitätsfaktor von größer 1000, bezüglich der Serotonin- versus Noradrenalin-Wiederaufnahmehemmung [11, 13]. Die Nebenwirkungen sind auf die verstärkte Verfügbarkeit von Serotonin zurückzuführen. So können unter anderem Übelkeit, Unruhe, Schlafstörungen, sexuelle Dysfunktion und ein sogenanntes Serotonin-Syndrom auftreten [13].

Eine selektive Hemmung der Noradrenalin-Wiederaufnahme (SNRI) wird durch Reboxetin bewirkt. Neben einer guten Wirksamkeit im Hinblick auf Antrieb, Motivation und Interesse kann es zu Tachykardie, Tremor und vermehrtem Schwitzen kommen [13].

Venlafaxin hemmt selektiv die synaptischen Transporter von Serotonin und Noradrenalin (selektiver Serotonin-/Noradrenalin-Wiederaufnahmehemmer - SSNRI) und verfügt somit über ein sogenanntes duales Wirkprinzip [12]. Erst in höheren Dosen wird auch der Noradrenalin-Transporter gehemmt, in niedrigen Dosen wird bevorzugt der Serotonin-Transporter inhibiert [13]. Duloxetin ist der zweite Wirkstoff, der selektiv beide Transportsysteme hemmt.

Über ein dual-serotonerges Wirkprinzip verfügt Trazodon. Es aktiviert die serotonerge Neurotransmission über die Hemmung der Serotonin-Wiederaufnahme und ist ein Serotoninrezeptor-Antagonist [13]. Es wirkt zudem, wenn auch nicht deutlich ausgeprägt, auf α_2-Adrenorezeptoren.

Strukturell gehören Mianserin und Mirtazapin zu den tetrazyklischen Antidepressiva, die Wirkung ist noradrenerg und spezifisch serotonerg (NaSSA). Es werden präsynaptische inhibitorisch wirksame α_2-Rezeptoren gehemmt. Dies führt zu einer erhöhten Konzentration von Serotonin und Noradrenalin im synaptischen Spalt [13]. Die Stoffe werden auch α_2-Adrenozeptor-Blocker genannt.

Aufgrund der hohen Selektivität dieser neuen Wirkstoffe ist es möglich, dass die für eine antidepressive Wirkung notwendige Dosis im Gegensatz zu den älteren trizyklischen Antidepressiva wesentlich geringer ist [7].

3.1.3 Monoaminoxidase-Hemmstoffe

Monoaminoxidase-Hemmer erhöhen durch Blockade des Enzyms Monoaminoxidase (MAO) die Konzentration der Monoamine (Dopamin, Noradrenalin, Adrenalin und Serotonin) in den Vesikeln der Nervenzellen, indem der oxidative Abbau der Monoamine verhindert wird [5].

Die MAO-Hemmstoffe kamen in etwa zeitgleich mit den trizyklischen Antidepressiva auf den Markt [13]. Tranylcypromin ist ein unselektiver MAO-Hemmstoff, welcher sowohl die Monoaminoxidase A als auch Monoaminoxidase B irreversibel hemmt. Es wird heute als Reservesubstanz eingesetzt. Eine Weiterentwicklung war der selektive reversible Hemmstoff der MAO-A Moclobemid. Selektive Hemmstoffe der MAO-B, wie Selegelin, wirken nicht antidepressiv [7]. Sie werden als Mittel gegen Parkinson eingesetzt.

Der Vorteil eines selektiven gegenüber unselektiven MAO-Hemmstoffes ist die gute Verträglichkeit, da es bei der gleichzeitigen Aufnahme von tyraminreichen Nahrungsmitteln (z. B. Käse) zu keinen schwerwiegenden Wechselwirkungen, wie Blutdruckanstieg oder hypertoner Krise, kommt.

3.1.4 Johanniskrautextrakt

Extrakte aus Johanniskraut (Hypericum perforatum) sind zur Behandlung von psychovegetativen Störungen und von leichten sowie mittelschweren Depressionen zugelassen. Es handelt sich um rezeptfreie Arzneimittel. Seit Inkrafttreten des „Gesetzes zur Modernisierung der gesetzlichen Krankenversicherung“ (GMG) am 01.01.2004 sind nicht-verschreibungspflichtige Arzneimittel laut § 34 SGB V nicht mehr erstattungsfähig [14, 15]. Zugelassene Ausnahmen hiervon sind im Abschnitt F der Arzneimittelrichtlinie (sogenannte OTC-Ausnahmeliste) aufgeführt, die vom Gemeinsamen Bundesausschuss herausgegeben wird [16]. In der Liste sind unter Punkt 16.4.18 „Hypericum perforatum-Extrakte“ mit einer Einzeldosierung von mindestens 300 mg Extrakt zur Behandlung mittelschwerer depressiver Episoden aufgeführt. Somit sind apothekenpflichtige Arzneimittel mit Johanniskrautextrakt bei der genannten

Indikation in der aufgeführten Dosierung weiterhin durch die GKV erstattungsfähig.

Weder der genaue Wirkmechanismus noch die für eine Wirkung relevanten Inhaltsstoffe sind letztendlich bekannt. Vermutlich ist Hypericin, auf das die Extrakte bis vor einigen Jahren standardisiert wurden, nicht maßgeblich für die Wirkung verantwortlich. Es wurde von einer wirksamkeitsbestimmenden zu einer pharmazeutisch relevanten Substanz zurückgestuft. Die Präparate in Deutschland werden seitdem nicht mehr auf die definierte Menge von Gesamthypericin eingestellt.

Als Wirksubstanz wird Hyperforin diskutiert, das die neuronale Wiederaufnahme von Serotonin, Noradrenalin, Dopamin, GABA (γ-Aminobuttersäure) und Glutamat hemmt. Vermutlich ist jedoch der Gesamtextrakt für die Wirkung verantwortlich [5, 7]. Die Dosierungsangaben der Hersteller beziehen sich auf die Tagesdosis des Gesamtextraktes mit Angaben des Droge-Extrakt-Verhältnisses (DEV) und des Extraktionsmittels [16].

Zu beachten sind bei der Anwendung mögliche Nebenwirkungen, wie eine Photosensibilisierung. Des Weiteren kann es zu Wechselwirkungen mit zahlreichen anderen Arzneimitteln kommen, die ebenfalls über das Cytochrom P 450-Enzymsystem metabolisiert werden [5, 7].

3.2 Neuroleptika

Anfang der 1950er Jahre war der Beginn einer rationalen Psychopharmakologie. Es gelang damit erstmals, eine medikamentöse Therapie der Schizophrenie einzusetzen [7].

Neuroleptika werden - insbesondere bei Schizophrenien und Manien - zur Besserung von psychischen Symptomen eingesetzt, ohne dass dadurch das Bewusstsein und die intellektuellen Fähigkeiten wesentlich beeinflusst werden. Sie dämpfen psychomotorische Erregungszustände, d.h. Antrieb, Spontanbewegungen und Ausdrucksmotorik, und verringern affektive Spannungen, Angst und Trugwahrnehmungen. Diese akzessorischen Symptome werden als Plus-/ Positivsymptome oder produktive Symptome bezeichnet. Die Positivsymptome, wie Wahnvorstellungen, Halluzinationen und Zerfahrenheit des Denkens, kommen bei Gesunden im Allgemeinen nicht vor, sind also bei den Kranken „aufgelagert". Neuere sogenannte atypische Neuroleptika bessern darüber hinaus die Minus- bzw Negativsymptome, wie zum Beispiel Verarmung der Sprache, Apathie und Störungen des Denkens und der Affektivität, die bei schizophrenen Patienten im Vergleich zu Gesunden nicht oder vermindert vorkommen. Neuroleptika werden sowohl zur Erhaltungstherapie bei psychotischen Symptomen als auch zur Verhütung neuer psychotischer Episoden, als sogenannte Rezidivprophylaxe, eingesetzt [5, 7, 18].

In einer umfangreichen systematischen Übersichtsarbeit zur Häufigkeit der Schizophrenie wurde eine Punktprävalenz von 4,6 pro 1.000 Personen, entsprechend einer Prävalenzrate von 0,46 %, ermittelt. Es konnte kein signifikanter Unterschied des Auftretens von Schizophrenie zwischen Frauen und Männern festgestellt werden. In einer weiteren Übersichtsarbeit zur Schizophrenie wurde eine Inzidenz (also Zahl der Neuerkrankungen pro Jahr) von 15,2 pro 100.000 Personen berechnet. Abweichend zu den Ergebnissen zur Prävalenz wurde eine höhere Zahl von Neuerkrankungen bei Männern als bei Frauen festgestellt, mit einem Verhältnis von Männern zu Frauen von 1,4 [19]. Die Lebenszeitprävalenz weltweit, also das Risiko einer bestimmten Person im Laufe des Lebens mindestens einmal an Schizophrenie zu erkranken, liegt abhängig unter anderem von der Lebenserwartung der Bevölkerung bei 0,5 bis 1,6 %. Männer erkranken durchschnittlich 3 bis 4 Jahre früher als Frauen. Die Erkrankung tritt meist zwischen dem 15. und 35. Lebensjahr erstmals auf [18, 21].

Bezeichnend für die Schizophrenie sind sowohl akute episodisch auftretende Zustände als auch chronische Beeinträchtigungen mit persistierenden positiven und/oder negativen Zuständen. Meistens gehen diese chronischen Zustände mit kognitiven und sozialen Beeinträchtigungen einher. Nach Behandlungsbeginn tritt bei ca. 20 % aller Patienten eine volle Wiederherstellung der psychischen Gesundheit ein. Bei 80 % hingegen kommt es nach anfänglicher Besserung zu einem Wiederauftreten von Symptomen [21].

Der Wirkmechanismus von Neuroleptika ist nicht vollständig geklärt, jedoch ist gesichert, dass die Substanzen in die synaptische Erregungsübertragung durch Hemmung der Neurotransmitterrezeptoren, insbesondere die von Dopaminrezeptoren (D-Rezeptoren) prä- und postsynaptisch eingreifen. Darüber hinaus werden Adreno-, Muscarin- und Serotoninrezeptoren gehemmt. Die

„klassischen“ Neuroleptika blockieren insbesondere D_2- und teilweise D_3-Rezeptoren. Mit steigender neuroleptischer Potenz nehmen bei diesen Substanzen die extrapyramidal-motorischen Nebenwirkungen zu, die sedierende Wirkung hingegen ab [5]. Je größer die Affinität des Stoffes zu den D_2-Rezeptoren ist, umso niedriger ist die für die Therapie erforderliche freie Plasmakonzentration [7].

Nach ihrer chemischen Struktur in Kombination mit den pharmakologischen Eigenschaften lassen sich Neuroleptika in drei Gruppen einteilen: trizyklische Neuroleptika (Phenothiazine und Phenothiazin-Analoga), Butyrophenone und atypische Neuroleptika. Die beiden erstgenannten Gruppen werden auch als „konventionelle“ oder „klassische“ Neuroleptika bezeichnet.

3.2.1 Trizyklische Neuroleptika

Trizyklische Neuroleptika vom Phenothiazin-Typ bzw. dessen Analoga weisen eine planare Dreiringstruktur auf. Sie verfügen entweder über eine aliphatische Seitenkette oder sind Piperidin- oder Piperazin-substituierte Derivate. Die neuroleptische Potenz, d. h. die antipsychotische Wirkung im Verhältnis zur Dosis, steigt bei den Stoffen mit aliphatischer Seitenkette (z. B. Chlorpromazin) über die Piperidin-Derivate (z. B. Thioridazin) zu der Gruppe der Piperazin-substituierten Stoffe (z. B. Perazin) an. Chlorpromazin war 1951/52 das erste für die Therapie eingesetzte Neuroleptikum, das ein breites Wirkungsspektrum aufweist [7]. Es wird als Bezugssubstanz für die Einteilung der Neuroleptika bezüglich der neuroleptischen Wirkstärke verwendet. Seine neuroleptische Potenz wird gleich 1 gesetzt und zählt somit zu den mittelstark potenten Neuroleptika.

Eine weitere chemische Gruppe innerhalb der trizyklischen Neuroleptika sind die Thioxanthene, bei denen im Ringsystem der Phenothiazine der Stickstoff gegen ein Kohlenstoff-Atom ersetzt ist. Zu dieser Gruppe zählt z. B. Flupentixol.

Für die antipsychotische Wirkung, insbesondere bezüglich der Wahnvorstellungen, Ich-Störungen und Halluzinationen, ist die Dopamin-D_2-Rezeptorblockade das wichtigste Therapieprinzip. Da sich die Rezeptorblockade nicht auf die D_2-Rezeptoren im limbischen System beschränkt, sondern auch D_2-Rzeptoren in anderen Bereichen des Zentralnervensystem (ZNS) betrifft, kommt es zu extrapyramidal-motorischen Nebenwirkungen, wie Frühdyskinesien, Akathisie (quälende Unruhe), Neuroleptika-induziertem Parkinson-Syndrom, irreversiblen

Spätdyskinesien und sehr selten malignem neuroleptischem Syndrom. Darüber hinaus kommt es zu vermehrter Prolactin-Ausschüttung und Gewichtszunahme. Eine Sedierung wird durch Blockade von Histamin-Rezeptoren bewirkt und ist besonders bei den Wirkstoffen mit niedriger neuroleptischer Potenz ausgeprägt. Je stärker die auftretenden unerwünschten Nebenwirkungen sind, insbesondere bei länger dauernder Einnahme der klassischen Neuroleptika,, umso schlechter ist die Compliance (Therapietreue) [22].

In der Akuttherapie der Schizophrenie werden, falls konventionelle Neuroleptika eingesetzt werden sollen, insbesondere Flupentixol, Fluphenazin oder Perazin aus der Gruppe der Phenothiazine/Phenothiazin-Analoga laut Behandlungsleitlinie empfohlen, da für diese Wirkstoffe Studien mit einer hochwertigen Evidenz vorliegen [21].

3.2.2 Butyrophenone

Neuroleptika vom Butyrophenon-Typ sind größtenteils stark wirksame Substanzen. Sie zählen zu den „klassischen“ Neuroleptika. Die Leitsubstanz dieser Gruppe ist Haloperidol, das ca. 50-mal stärker wirkt als Chlorpromazin, ein Phenothiazin-Neuroleptikum. Es wurde 1958 als erster Vertreter dieser Wirkstoffgruppe entdeckt [23]. Im Gegensatz zu Chlorpromazin, das eine breite Rezeptoraffinitiät (neben Dopamin- (D_2) auch Muscarin-, Serotonin- ($5\text{-}HT_2$) und Histamin- (H_1) Blockade) aufweist, bewirkt Haloperidol eine wesentlich stärkere D_2-Blockade, welche zu deutlich ausgeprägterem Auftreten unerwünschter Nebenwirkungen, wie extrapyramidal-motorischer Störungen und Prolactinanstieg, führt.

Durch chemische Abwandlung des Butyrophenon-Grundgerüsts erhält man Neuroleptika vom Diphenylbutylpiperidin-Typ, die im Vergleich zu den Butyrophenonen eine längere Wirkdauer aufweisen. Zu dieser Gruppe gehört z. B. Fluspirilen.

Aufgrund der Zuordnung der Butyrophenone zu den „klassischen“ Neuroleptika kommt es bei diesen, wie bei den Phenothiazinen, durch Blockade von D_2-Rezeptoren zu extrapyramidal-motorischen Nebenwirkungen, die sich oft therapielimitierend auswirken.

Wenn eine Behandlung der Schizophrenie mit einem konventionellen Antipsychotikum durchgeführt bzw. weitergeführt werden soll, empfiehlt die Behandlungsleitlinie für Schizophrenie den Wirkstoff Pimozid (neuroleptische Potenz: 20 bis 50) aus der Gruppe der Butyrophenone oder insbesondere Haloperidol (neuroleptische Potenz: 50), da für diese Wirkstoffe eine hochwertige Evidenz vorliegt [20].

3.2.3 Atypische Neuroleptika

Das Charakteristikum und der Vorteil der so genannten atypischen Neuroleptika (Atypika) besteht darin, dass sie im Gegensatz zu den schon länger auf dem Markt befindlichen „klassischen" Neuroleptika (Phenothiazine und Butyrophenone) wesentlich weniger mit der D_2-Blockade verbundene extrapyramidal-motorische Nebenwirkungen hervorrufen, die sich bei den älteren Substanzen oft therapielimitierend auswirken [5]. Darüber hinaus wirken sie auch auf die Minussymptomatik (Verarmung der Sprache, Apathie und Störungen des Denkens und der Affektivität). Eine häufig auftretende Nebenwirkung ist eine oft erhebliche Gewichtszunahme.

Der Prototyp dieser Substanzklasse ist Clozapin, das in den 1970er Jahren entdeckt wurde. Aufgrund der fehlenden extrapyramidal-motorischen Nebenwirkungen wurde die Substanz damals als „atypisch" bezeichnet. Sie bindet wesentlich stärker an D_4- als an D_2-Rezeptoren. Die Anwendung ist aufgrund von häufiger als bei anderen Neuroleptika auftretenden Agranulozytosen mit besonderen Auflagen (u. a. regelmäßige Leukozyten-Kontrolle, schriftliche Aufklärung) verbunden. Bei neueren atypischen Neuroleptika ist die Gefahr von Blutbildveränderungen jedoch deutlich geringer.

Aufgrund des Wirkprofils und des günstigen Nebenwirkungsprofils dieser Wirkstoffgruppe werden seit 1990 nur noch Neuroleptika auf den deutschen Markt gebracht, die den atypischen Neuroleptika zugeordnet werden: Zotepin (1990), Risperidon (1994), Olanzapin (1996), Amisulprid (1999), Quetiapin (2000), Ziprasidon (2002) und Aripiprazol (2004) [23].

Laut aktueller Behandlungsleitlinie zur Schizophrenie werden sowohl zur Akuttherapie als auch als Langzeitmedikation aufgrund geringerer extrapyramidal-motorischer Nebenwirkungen atypische Neuroleptika als Mittel der ersten Wahl empfohlen [21]. Als Langzeittherapeutikum wird Risperidon als Depot-Formulierung befürwortet. Aufgrund der weniger stark ausgeprägten Nebenwirkungen ist die Compliance bei Einnahme von atypischen Neuroleptika besser als bei den „klassischen" Neuroleptika [22].

3.2.4 Lithium

Lithium wird zur Gruppe der „Stimmungsstabilisatoren" gerechnet [7]. Als Arzneimittel zur oralen Anwendung ist Lithium als Acetat, Carbonat und Aspartat erhältlich [24]. Lithiumsalze werden zur Prophylaxe affektiver Psychosen (manisch-depressiver und schizoaffektiver Psychosen) und zur Therapie manischer Phasen eingesetzt. Des Weiteren wird Lithium zur Verstärkung von Antidepressiva bei Vorliegen einer therapieresistenten Depression verwendet. Laut Behandlungsleitlinie der affektiven Erkrankungen gilt Lithium als Mittel der ersten Wahl bei der euphorischen „klassischen" Manie [10].

Der Wirkmechanismus ist nur teilweise geklärt, jedoch ist nachgewiesen, dass Lithiumsalze in den Phosphatidylinositol-Stoffwechsel (PI-Turnover) eingreifen. Dadurch werden die über den PI-Turnover vermittelten Neurotransmitterwirkungen nicht-kompetitiv abgeschwächt. Darüber hinaus verringern Lithiumionen die cAMP-Bildung und beeinflussen die zirkadiane Rhythmik der Zahl verschiedener Neurotransmitterrezeptoren [5].

Lithium hat eine geringe therapeutische Breite, sodass eine enge Kontrolle des Serumspiegels erfolgen muss. Es kann zu feinschlägigem Tremor, Müdigkeit und gastrointestinalen Beschwerden kommen [5, 7].

3.3 Anxiolytika

Angststörungen bzw. Angsterkrankungen kommen sowohl in Form von Angstattacken als auch als chronische Angstzustände vor. Diese Erkrankungen werden wie folgt eingeteilt: spezifische Phobien (wie z. B. Prüfungs- oder Flugangst), Panikstörungen, Agoraphobie mit/ohne Panikstörung, soziale Phobie und generalisierte Angststörung [25].

Anxiolytika (synonym: Tranquillantien) sind Stoffe mit überwiegend dämpfender Wirkung auf die Psyche, angstmindernd und mit milderndem Einfluss bei Erregungszuständen. Es soll ein Zustand der Ausgeglichenheit hergestellt werden, mit möglichst geringer Beeinflussung des Denkvermögens und der Leistungsfähigkeit und keinen antipsychotischen Effekt besitzen. Die Hauptindikation sind Unruhe, psychosomatische Störungen und Angststörungen, wie z. B. Panikattacken und generalisierte Angststörungen [5, 7].

Die wichtigste Gruppe innerhalb der Tranquillantien sind die Benzodiazepine. Die hier zugeordneten Wirkstoffe zeigen weitestgehend die gleiche Wirkung, unterscheiden sich jedoch in ihrer Wirkstärke und der Pharmakokinetik, wie z. B. der Wirkdauer und dem Zeitpunkt des Wirkeintritts. Die Wirkung ist an den im Grundgerüst enthaltenen Siebenring gebunden.

Das älteste Benzodiazepin ist Chlordiazepoxid, das 1960 als Anxiolytikum in die Therapie eingeführt wurde. Im Jahr 1962 folgte Diazepam, das bis heute am meisten eingesetzte und am besten untersuchte Benzodiazepin. Die meisten Benzodiazepine leiten sich strukturell von Diazepam bzw. von dessen Metaboliten ab [7].

Benzodiazepine greifen an spezifischen Bindungsstellen an GABA-(γ-Aminobuttersäure)-Rezeptoren an, die im gesamten Zentralnervensystem gefunden wurden. An diesen Bindungsstellen wirken Benzodiazepine als Agonisten. Durch diese Interaktion wird die Affinität von GABA zu deren Bindungsstelle, die Teil des Chloridkanals an den Zellen ist, erhöht. Durch allosterische Wechselwirkung steigern somit die Benzodiazepine die Bindungsfähigkeit von GABA an ihren Rezeptoren und verstärken dadurch die GABA-Wirkung und Chloridionen strömen vermehrt in die Zellen ein. Es kommt zu einer Hyperpolarisation und damit zu einer verminderten Erregbarkeit bzw. Hemmung [5].

Abhängig von der Höhe der Dosierung und der Länge der Wirkdauer, die unter anderem durch das Entstehen ebenfalls wirksamer Metaboliten zustande kommt, treten unter der Einnahme von Benzodiazepinen Nebenwirkungen auf, wie Müdigkeit, Schläfrigkeit, Konzentrationsschwäche und Beeinträchtigung des Reaktionsvermögens. Des Weiteren ist das hohe Abhängigkeitspotential aller Benzodiazepine zu beachten, weshalb die Stoffgruppe nicht über längere Zeit (nicht länger als vier Wochen) eingenommen werden sollte [25].

Ein von der chemischen Struktur her neuartiges Anxiolytikum ist das Buspiron. Strukturell verfügt es über zwei Ringsysteme, die über eine aliphatische Kette verbunden sind. Es wirkt nicht über das GABA-System, sondern hemmt die Freisetzung von Serotonin durch partialagonistische Wirkung an bestimmten Serotonin-Autorezeptoren und wirkt durch eine Blockade von D_2-Rezeptoren. Aufgrund des von den Benzodiazepinen abweichenden Angriffspunkts, wirkt Buspiron nicht sedativ, muskelrelaxierend und antikonvulsiv. Außerdem entwickelt sich nach bisheriger Kenntnis keine Abhängigkeit. Ein Nachteil ist jedoch der langsame Wirkungseintritt von einigen Wochen [5, 7].

In der Leitlinie für die Behandlung von Angsterkrankungen werden neben Antidepressiva auch Benzodiazepine empfohlen, vor allem hochpotente Wirkstoffe wie Alprazolam, Clonazepam und Lorazepam. Insbesondere bei generalisierten Angststörungen wird der Wirkstoff Buspiron vorgeschlagen [25]. Es wird aber auch auf die Abhängigkeitsgefahr bei Langzeitbehandlung und die Rückfallgefahr nach Absetzen der Benzodiazepine hingewiesen.

4 Material und Methoden

4.1 Methodik

Dem Wissenschaftlichen Institut der AOK (WidO) stehen alle Rezepte zur Verfügung, die von Vertragsärzten zu Lasten der GKV ausgestellt und in einer öffentlichen Apotheke in Deutschland laut § 300 SGB V (Arzneimittelabrechnung) abgerechnet wurden [27]. Ausgenommen sind hiervon also Krankenhausverordnungen, Verordnungen auf Privatrezepten und nicht eingelöste Rezepte.

Verschreibungen auf GKV-Rezepten sind mit Arztnummern versehen. Aus diesen Nummern ist die Fachrichtung des verschreibenden Arztes abzulesen. Eingeschlossen für die Auswertung wurden GKV-Rezepte, die von den folgenden Arztgruppen verschrieben wurden:

- Nervenärzte, Kinder- und Jungendpsychiater (Arztgruppennummern 38 bis 40)
- Internisten (Arztgruppennummern 20 bis 22) und
- Allgemeinmediziner (Arztgruppennummern 80 bis 99)

Die Ärzte der erstgenannten Gruppe verordnen den größten Anteil der Psychopharmaka. Dennoch wurden in die Auswertung auch Rezepte der Internisten und Allgemeinmediziner mit einbezogen, da Verschreibungen von Psychopharmaka nicht nur von den entsprechenden Fachärzten ausgestellt werden.

Über die Arztgruppennummer der zur Behandlung von Kassenpatienten zugelassenen Ärzte, kann ebenfalls eine Zuordnung der Arztpraxis in den Bezirk der jeweiligen Kassenärztlichen Vereinigung (KV) erfolgen. Deutschland ist in 17 Regionen, die sogenannten KV-Bezirke eingeteilt. Diese entsprechen den Bundesländern, mit Ausnahme von Nordrhein-Westfalen. Hier gibt es zwei KV-Bezirke: Nordrhein und Westfalen-Lippe.

Die vom WidO erhaltenen Verordnungszahlen geben Auskunft darüber, wie häufig ein bestimmtes Arzneimittel auf einem GKV-Rezept verordnet wurde, also die Anzahl der verordneten Packungen. Es kann daraus jedoch kein Rückschluss auf die Anzahl der Einzeldosen gezogen werden, da die unterschiedlichen Packungsgrößen hier nicht berücksichtigt werden. Eine Erhöhung der Verordnungszahlen sagt nur aus, dass eine größere Anzahl Packungen verordnet wurde. Es ist daraus nicht ersichtlich, ob das Präparat in größerem Maße (mehr Einzeldosen) auf den Markt gekommen ist.

Um tatsächliche Mengenveränderungen unabhängig von markttechnischen Einflüssen wie Preisänderungen oder Änderungen von Packungsgrößen besser beurteilen zu können, wurden Angaben zu definierten Tagesdosen (DDD) für die Auswertung zur Verfügung gestellt. Weitere Informationen zu DDD finden sich im Glossar. Die Informationsstelle für Arzneispezialitäten (IFA GmbH) vergibt für jedes Arzneimittel eine Pharmazentralnummer (PZN) mit Zuordnung der ATC-Kodierung und DDD. Über den Aufdruck der PZN auf das Rezeptdatenblatt bei der Abgabe des Arzneimittels in der Apotheke werden Angaben zur verordneten Anzahl DDD erhalten.

Die vom WIdO zur Verfügung gestellten Daten zum Umsatz sind Bruttoumsätze, d. h. die Zahlenwerte müssen aufgrund der Preisbildung von Fertigarzneimitteln differenziert betrachtet werden. Der Brutto-Apothekenverkaufspreis entspricht nicht dem Preis, den die GKV für das Arzneimittel bezahlt [29]. Der Preis eines auf einem GKV-Rezept abgegebenen Arzneimittels wird von der GKV abzüglich des Apothekenrabatts und bei Zuzahlung des Versicherten, abzüglich dieses Betrags erstattet. Eine detaillierte Beschreibung der Preisbildung und der Erstattung von Arzneimitteln ist im Glossar enthalten.

Die verwendeten Rohdaten teilen sich in die folgenden zwei Gruppen auf:

- Quartalsdaten: für jeden ATC-Code kumulierte Angaben aus Deutschland pro Quartal für Anzahl der Verordnungen, Höhe des Bruttoumsatzes und Anzahl der DDD für die Jahre 2005 und 2006 (d. h. 64 ATC-Codes à 8 Quartale à 3 Angaben = 1.536 Rohdaten)
- KV-Daten: für jeden ATC-Code kumulierte Angaben aus den 17 KV-Gebieten für Anzahl der Verordnungen, Höhe des Bruttoumsatzes und Anzahl der DDD für die Jahre 2005 und 2006 (d. h. 64 ATC-Codes à 17 KVen à 2 Jahre à 3 Angaben = 6.528 Rohdaten)

Zum Zweck der Auswertung wurden die Rohdaten je nach Auswertung in den folgenden Gruppen aggregiert:

- Psychopharmaka insgesamt
- differenziert nach Indikationsgruppen: Antidepressiva, Neuroleptika, Anxiolytika

- differenziert nach Arzneistoffgruppen: SSRI/SNRI, trizyklische Antidepressiva, klassische und atypische Neuroleptika
- differenziert nach Indikations- und Arzneistoffgruppen in den einzelnen KVen.

4.2 ATC Klassifikation und untersuchte Arzneistoffe

Die Weltgesundheitsorganisation (WHO) erstellt und pflegt das anatomisch-therapeutisch-chemische Klassifikationssystem (ATC-Klassifikation) mit zugeordneten definierten Tagesdosen (DDD), mit dem Arzneistoffe systematisch erfasst und klassifiziert werden. Dabei wird sowohl das Organ bzw. das Organsystem, auf das der Wirkstoff einwirkt als auch die chemische Struktur, die pharmakologische Wirkung und das therapeutische Anwendungsgebiet eines Wirkstoffs berücksichtigt.

Die Arzneistoffe werden auf fünf Ebenen in Gruppen eingeteilt und besitzen einen 7-stelligen Buchstaben-Zahlencode. Es gibt 14 Hauptgruppen (1. Ebene), bezeichnet mit einem Buchstaben, mit einer pharmakologischen/ therapeutischen Untergruppe (2. Ebene), bezeichnet mit einem 2-stelligen Zahlencode. Die 3. und 4. Ebene sind chemische/pharmakologische/therapeutische Untergruppen, die jeweils mit einem Buchstaben benannt werden. Die 5. Ebene benennt den chemischen Wirkstoff und wird mit einem 2-stelligen Zahlencode bezeichnet [4].

Jede pharmazeutische Zubereitung, d. h. ähnliche Bestandteile, Stärke und Darreichungsform, erhält nur einen ATC-Code. Ein Arzneimittel kann dann mehr als einen ATC-Code erhalten, wenn mehrere Dosierungsstärken oder Zubereitungen für unterschiedliche therapeutische Indikationen eingesetzt werden. Es soll vermieden werden, dass in der vierten Ebene mehrere Gruppen mit nur einem Wirkstoff vorhanden sind. Aufgrund dessen wird ein neuer Wirkstoff, der nicht eindeutig einer bereits vorhandenen ATC-Gruppe verwandter Wirkstoffe der vierten Ebene angehört, einer X-Gruppe („Andere Arzneimittel“) zugeordnet.

Die Auswahl der Arzneistoffe für die durchgeführte Untersuchung wurde mit Hilfe des Arzneiverordnungs-Reports vorgenommen [3]. Unter den 3.000 verordnungshäufigsten zu Lasten der GKV abgerechneten Arzneimitteln in 2005 befanden sich 226 Psychopharmaka (Antidepressiva, Neuroleptika und Anxiolytika). Daraus resultierten 63 Arzneistoffe (zwei ATC-Codes für Johanniskrautextrakte) mit den entsprechenden ATC-Codes.

Die Zuordnung der ausgewerteten Arzneistoffe zu ihrer Hauptindikations- sowie Wirkstoffgruppe erfolgte gemäß der anatomisch-therapeutisch-chemischen Klassifikation (ATC) [8].

Die Antidepressiva sind in der ATC-Klassifikation in der therapeutischen Untergruppe der Psychoanaleptika „N06“ in der pharmakologischen Untergruppe „N06A“ eingeordnet. Es existieren die folgenden sechs chemischen Untergruppen [8]:

- Nichtselektive Monoamin-Wiederaufnahmehemmer (N06AA)
- Selektive Serotonin-Wiederaufnahmehemmer (N06AB)
- Monoaminoxidasehemmer, nichtselektiv (N06AF)
- Monoaminoxidase-A-Hemmer (N06AG)
- Pflanzliche Antidepressiva (N06AP)
- Andere Antidepressiva (N06AX)

In die Gruppe der „anderen Antidepressiva“ werden Wirkstoffe eingeordnet, von denen es erst einen Stoff in einer neuartigen chemischen Klasse gibt. Je nach Eigenschaft und Wirkungsweise werden diese Wirkstoffe im Folgenden den anderen Untergruppen der Antidepressiva zugeordnet.

Die in der Auswertung untersuchten trizyklischen Antidepressiva sind in Tabelle 2 aufgeführt.

Tab. 2: Untersuchte trizyklische Antidepressiva mit zugeordnetem ATC-Code

Substanz (n = 9)	ATC-Code
Imipramin	N06AA02
Clomipramin	N06AA04
Opipramol	N06AA05
Trimipramin	N06AA06
Amitriptylin	N06AA09
Nortiptylin	N06AA10
Doxepin	N06AA12
Maprotilin	N06AA21
Amitripylinoxid	N06AA25

Maprotilin unterscheidet sich strukturell von den anderen Wirkstoffen dieser Klasse, da es nicht trizyklisch ist, sondern über ein Vierringgrundgerüst verfügt. Das Wirkprofil ähnelt dem der trizyklischen Antidepressiva, weshalb der Wirkstoff für die Auswertung Arbeit zu dieser Gruppe gezählt wurde. Das wird durch die Zuordnung laut ATC-Code in die gleiche chemische Untergruppe wie die Trizyklika untermauert [5, 7, 8].

Allen Wirkstoffen in Tabelle 3 ist gemeinsam, dass sie als „selektiv" bezeichnet werden, da sie im Unterschied zu den trizyklischen Antidepressiva nicht oder kaum mit Neurotransmitterrezeptoren interagieren.

Tab. 3: Untersuchte Wirkstoffe, die selektiv die Serotonin- und/oder Noradrenalin-Aufnahme hemmen mit Bezeichnung der Substanzklasse und zugeordnetem ATC-Code

Substanz (n = 11)	Substanzklasse	ATC-Code
Fluoxetin	SSRI	N06AB03
Citalopram	SSRI	N06AB04
Paroxetin	SSRI	N06AB05
Sertralin	SSRI	N06AB06
Escitalopram	SSRI	N06AB10
Mianserin	α_2-Adrenozeptor-Blocker	N06AX03
Trazodon	dual-serotonerg	N06AX05
Mirtazapin	α_2-Adrenozeptor-Blocker	N06AX11
Venlafaxin	SSNRI	N06AX16
Reboxetin	SNRI	N06AX18
Duloxetin	SSNRI	N06AX21

Die untersuchten MAO-Hemmstoffe nebst ATC-Code sind in Tabelle 4 zu finden.

Tab. 4: Untersuchte MAO-Hemmstoffe mit zugeordnetem ATC-Code.

Substanz (n = 2)	ATC-Code
Tranylcypromin	N06AF04
Moclobemid	N06AG02

Für Präparate mit Johanniskrautextrakt liegen zwei ATC-Codes vor, da sowohl Daten der Monopräparate (N06AP01) als auch von Johanniskraut-Kombinationen (N06AP51) für die Auswertung verwendet wurden.

Tab. 5: Johanniskrautextrakt mit zugeordneten ATC-Codes

Substanz	ATC-Code
Johanniskraut	N06AP01
Johanniskraut, Kombination	N06AP51

In Kombinationspräparaten ist neben Johanniskrautextrakt auch Baldrianwurzel enthalten. Es sind jedoch keine Präparate auf dem Markt, die mindestens 300 mg Johanniskrautextrakt in Kombination enthalten und somit erstattungsfähig wären [24].

Bei der Einteilung nach ATC fallen die Substanzen mit neuroleptischer Indikation unter die therapeutische Untergruppe „N05" (Psycholeptika) in die pharmakologische Untergruppe „N05A" der Antipsychotika [8]. Daten der Wirkstoffe aus den folgenden elf chemischen Untergruppen wurden ausgewertet:

- Phenothiazine mit aliphatischer Seitenkette (N05AA)
- Phenothiazine mit Piperazinstruktur (N05AB)
- Phenothiazine mit Piperidinstruktur (N05AC)
- Butyrophenon-Derivate (N05AD)
- Indol-Derivate (N05AE)
- Thioxanthen-Derivate (N05AF)
- Diphenylbutylpiperidin-Derivate (N05AG)
- Diazepine, Oxazepine und Thiazepine (N05AH)
- Benzamide (N05AL)
- Lithium (N05AN)
- Andere Antipsychotika (N05AX)

Die Wirkstoffe der Gruppe N05AX (andere Antipsychotika) werden im Folgenden je nach Eigenschaft den Untergruppen der Neuroleptika zugeordnet.

Die bezüglich ihrer Verbrauchsentwicklung analysierten Phenothiazine und Phenothiazin-Analoga sind in Tabelle 6 aufgelistet.

Tab. 6: Untersuchte Phenothiazine und Phenothiazin-Analoga mit zugeordnetem ATC-Code

Substanz (n = 12)	ATC-Code
Chlorpromazin	N05AA01
Levomepromazin	N05AA02
Promazin	N05AA03
Fluphenazin	N05AB02
Perphenazin	N05AB03
Perazin	N05AB10
Thioridazin	N05AC02
Flupentixol	N05AF01
Chlorprothixen	N05AF03
Zuclopenthixol	N05AF05
Prothipendyl	N05AX07
Promethazin	N05CM22

Nachfolgend sind in Tabelle 7 die untersuchten Stoffe der Butyrophenone und Analoga aufgelistet, die - ebenso wie die Phenothiazine/ Phenothiazin-Analoga - den „klassischen" Neuroleptika zugeordnet werden.

Tab. 7: Untersuchte Butyrophenone und Analoga mit zugeordnetem ATC-Code

Substanz (n = 7)	ATC Klassifikation
Haloperidol	N05AD01
Melperon	N05AD03
Pipamperon	N05AD05
Bromperidol	N05AD06
Benperidol	N05AD07
Fluspirilen	N05AG01
Pimozid	N05AG02

In Tabelle 8 sind die untersuchten Substanzen der atypischen Neuroleptika aufgeführt.

Tab. 8: Untersuchte atypische Neuroleptika mit zugeordnetem ATC-Code

Substanz (n = 9)	ATC Klassifikation
Ziprasidon	N05AE04
Clozapin	N05AH02
Olanzapin	N05AH03
Quetiapin	N05AH04
Sulpirid	N05AL01
Amisulprid	N05AL05
Risperidon	N05AX08
Zotepin	N05AX11
Aripiprazol	N05AX12

Lithium befindet sich laut Klassifikation nach ATC in der pharmakologischen Untergruppe der Antipsychotika und ist dort als einziger Wirkstoff in der gleichnamigen chemischen Untergruppe aufgeführt [8]. Andere Quellen, wie z. B. die Rote Liste, klassifizieren Lithium hingegen als Antidepressivum [24]. Dies mag daran liegen, dass Lithium in der manischen Phase einer manisch-depressiven Erkrankung, einer sogenannten bipolaren Störung eingesetzt wird. Aufgrund der zugelassenen Indikationen ist eine eindeutige Zuordnung zur Indikationsgruppe der Neuroleptika oder Antidepressiva nicht möglich. Da das ATC-System einen Wirkstoff gemäß der häufigsten therapeutischen Anwendung klassifiziert, wurde Lithium für die Auswertung den Neuroleptika zugeordnet.

Tab. 9: Lithium mit zugeordnetem ATC-Code

Substanz	ATC Klassifikation
Lithium	N05AN01

Die Tranquillantien fallen bei der Einteilung nach ATC unter die therapeutische Untergruppe „N05“ (Psycholeptika) in die pharmakologische Untergruppe „N05B“ Anxiolytika [8]. Die in Tabelle 10 aufgeführten Wirkstoffe entstammen den folgenden zwei chemischen Untergruppen:

- Benzodiazepin-Derivate (N05BA)
- Azaspirodecandion-Derivate (N05BE)

Tab. 10: Untersuchte Anxiolytika mit zugeordnetem ATC-Code

Substanz (n = 11)	ATC-Klassifikation
Diazepam	N05BA01
Chlordiazepoxid	N05BA02
Medazepam	N05BA03
Oxazepam	N05BA04
Dikaliumchlorazepat	N05BA05
Lorazepam	N05BA06
Bromazepam	N05BA08
Clobazam	N05BA09
Prazepam	N05BA11
Alprazolam	N05BA12
Buspiron	N05BE01

Buspiron ist die einzige untersuchte anxiolytisch wirkende Substanz aus der Gruppe der Azaspirodecandion-Derivate.

4.3 Bevölkerungsdaten und Versicherungsschutz

Das Statistische Bundesamt in Wiesbaden erstellt jährlich eine Übersicht der Bevölkerungszahlen in Deutschland. Die Zahlen sind Ergebnisse der Bevölkerungsfortschreibung der letzten Volkszählungen. Diese fanden in Deutschland zuletzt im früheren Bundesgebiet im Jahre 1987 und in der ehemaligen DDR im Jahre 1981 statt. Die Bevölkerungszahlen ergeben sich unter anderem aus den Geburten und Sterbefällen, sowie aus den Wanderungsbewegungen, wie Zu- und Fortzügen über die Grenzen Deutschlands hinweg [31].

Die Bevölkerungszahlen wurden nicht für die Untersuchungen verwendet, sondern werden lediglich in diesem Kapitel zu Vergleichszwecken für die Zahlen der GKV-Versicherten herangezogen.

Ende des Jahres 2004 hatten 10 % der Bevölkerung in Deutschland eine private Krankenvollversicherung (8,259 Mio. Vollversicherte bei Gesamtbevölkerung von 82,5 Mio.) [32]. Ein leichter Anstieg der vollversicherten Personen auf 8,369 Mio. (von 82,4 Mio. Einwohnern) wurde Ende 2005 verzeichnet [33]. Hier handelt es sich um einen Absolutwert, jedoch gibt es lokale Unterschiede in Deutschland.

Aus dem Mikrozensus des Statistischen Bundesamtes, der im Mai 2003 durchgeführt wurde, wird deutlich, dass im früheren Bundesgebiet 87,3 % (von 66,881 Mio. Einwohnern) der Bevölkerung gesetzlich sowie 10,4 % privat versichert waren. In den neuen Bundesländern waren 93,3 % (von 14,757 Mio. Einwohnern) gesetzlich gegenüber 4,9 % privat versichert [34, 35].

In der GKV wird zwischen Versicherten und Mitgliedern unterschieden. Zu den Mitgliedern zählen Pflichtmitglieder, freiwillige Mitglieder und Rentner. Laut SGB V gibt es in der gesetzlichen Krankenversicherung die Möglichkeit einer Familienversicherung (d. h. ein zahlendes Mitglied und mehrere Versicherte), woraus die höhere Zahl der Versicherten gegenüber der tatsächlichen Zahl der Mitglieder resultiert [35]. Eine Gegenüberstellung von Versicherten und Mitgliedern in der GKV zeigt Tabelle 11.

Tab. 11: Versicherte und Mitglieder in der GKV (West = Alte Bundesländer und Berlin; Ost = Neue Bundesländer) [35, 36]

	Bundesgebiet [Mio.]		West [Mio.]		Ost [Mio.]	
	1.1.2006	1.1.2007	1.1.2006	1.1.2007	1.1.2006	1.1.2007
Versicherte	70,3	70,2	58,7	58,6	11,6	11,6
Mitglieder	50,3	50,5	41,1	41,3	9,2	9,3
Bevölkerung	31.12.05	31.12.06	31.12.05	31.12.06	31.12.05	31.12.06
(aus [23])	82,44	82,31	69,09	:69,07	13,35	13,24

Im Anhang befindet sich eine Übersicht der GKV-Versichertenzahlen differenziert nach Bundesländern für die Jahre 2005 und 2006 [37, 38]. Diese Zahlen wurden für die Untersuchung einer etwaigen unterschiedlichen Versorgung der GKV-Versicherten mit Psychopharmaka in den jeweiligen Bundesländern verwendet.

5 Ergebnisse der Auswertung

Grundlage der Auswertung waren Daten aller Rezepte, die von Vertragsärzten, und zwar Nervenärzten, Kinder- und Jungendpsychiatern, Internisten und Allgemeinmedizinern, zu Lasten der GKV ausgestellt und in einer öffentlichen Apotheke in Deutschland abgerechnet wurden. Eingeschlossen wurden Arzneimittel mit 64 ATC-Codes, die alle der Gruppe der Psychopharmaka angehören. Eine Übersicht der ATC-Codes mit den entsprechenden Bezeichnungen der Arzneistoffe ist im Anhang enthalten.

5.1 Veränderungen bei Psychopharmaka insgesamt

Im Jahr 2006 wurden in Deutschland 33,2 Mio. Verordnungen mit 1,2 Mrd. DDD von Psychopharmaka mit einem Bruttoumsatz von 1,63 Mrd. € zu Lasten der GKV in Apotheken eingelöst (Tabelle 12).

Tab. 12: Psychopharmaka: Verordnungen, Bruttoumsatz und DDD inkl. Veränderungen von 2005 zu 2006

		2005	2006	Veränder.	Veränder. [%]
Psychopharmaka insgesamt	Verordnungen [x 100 Tsd.]	334,4	332,0	- 2,49	- 0,74 %*
	Bruttoumsatz [Mio. €]	1.534,59	1.629,25	+ 94,66	+ 6,17 %
	DDD [Mio.]	**1.155,94**	**1.205,02**	**+ 49,08**	**+ 4,25 %**
Antidepressiva	Verordnungen [x 100 Tsd.]	144,7	146,4	+ 1,66	+ 1,15 %
	Bruttoumsatz [Mio. €]	663,11	660,84	- 2,27	- 0,34 %
	DDD [Mio.]	**725,60**	**772,61**	**+ 47,01**	**+ 6,48 %**
Neuroleptika	Verordnungen [x 100 Tsd.]	113,1	113,1	+ 0,058	+ 0,05 %
	Bruttoumsatz [Mio. €]	765,00	869,77	+ 103,78	+ 13,55 %
	DDD [Mio.]	**277,18**	**286,79**	**+ 9,61**	**+ 3,47 %**
Anxiolytika	Verordnungen [x 100 Tsd.]	76,6	72,4	- 4,21	- 5,49 %

	Bruttoumsatz [Mio. €]	105,48	98,64	- 6,85	- 6,49 %
	DDD [Mio.]	**153,16**	**145,62**	**- 7,54**	**- 4,92 %**

*) + = Zunahme, - = Abnahme

Die Zahl der Verordnungen ging dabei insgesamt gesehen leicht um 0,7 % zurück (Tabelle 12). Der Bruttoumsatz nahm hingegen um ca. 6 % (entsprechend 94,7 Mio. Euro) zu. Auch die Zahl der verordneten DDD stieg um 49 Mio. entsprechend ca. 4 %, an. Im Folgenden werden diese Zahlen differenzierter nach Indikationsgruppen betrachtet.

In Abbildung 1 sind die Anzahl Verordnungen, Höhe des Umsatzes und Anzahl der DDD für Psychopharmaka insgesamt, sowie Antidepressiva, Neuroleptika und Anxiolytika für die Jahre 2005 und 2006 im Vergleich aufgeführt. Wie oben bereits festgestellt sind insgesamt gesehen sowohl der Umsatz als auch die Anzahl DDD von 2005 zu 2006 bei den Psychopharmaka gestiegen. Die Anzahl Verordnungen hat sich von 2005 zu 2006 hingegen kaum verändert.

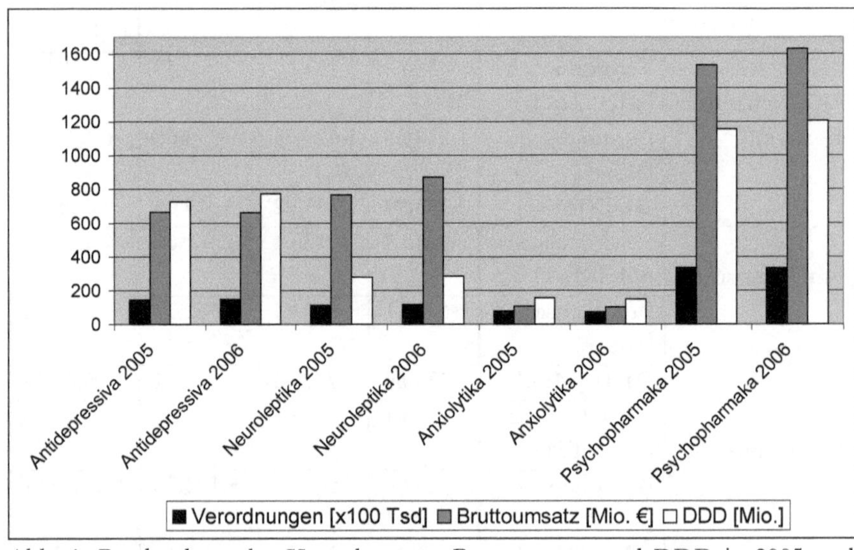

Abb. 1: Psychopharmaka: Verordnungen, Bruttoumsatz und DDD in 2005 und 2006

Differenzierter erscheint die Verordnungssituation, wenn die drei Indikationsgruppen einzeln betrachtet werden (s. Tabelle 12). Sowohl bei den Antidepressiva als auch den Neuroleptika ist ein Anstieg der Verordnungen und der DDD zu sehen. Während jedoch der Bruttoumsatz der Antidepressiva leicht um 0,34 % (entsprechend 2,3 Mio. Euro) zurückging, stieg er bei der Gruppe der Neuroleptika um über 13 % (entsprechend 103,8 Mio. Euro) von 2005 zu 2006 an. Die Gruppe der Anxiolytika, die innerhalb der Psychopharmaka ohnehin eine eher untergeordnete Rolle hinsichtlich der Zahl der Verordnungen spielt, verzeichnete bei allen drei Parametern (Verordnungen, Bruttoumsatz, DDD) einen Rückgang von 5 % und mehr.

Das prozentuale Mengenverhältnis der verordneten DDD zueinander je Indikationsgruppe hat sich von 2005 zu 2006 nur geringfügig verändert – der Anteil bei den Anxiolytika ging leicht von 13 auf 12 % zurück, wohingegen bei den Antidepressiva ein leichter Anstieg von 63 zu 64 % zu sehen ist. Der Anteil der DDD der Neuroleptika blieb konstant bei 24 % (Abbildung 2).

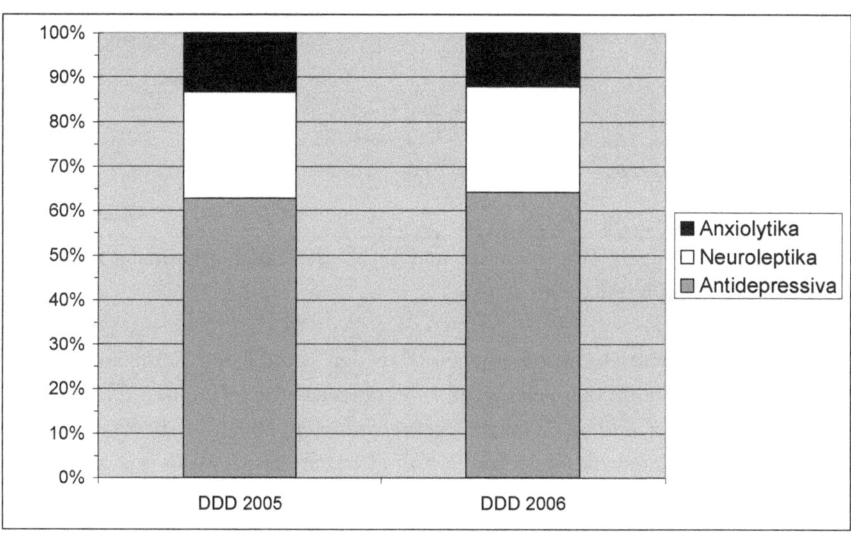

Abb. 2: Verordnete DDD der Psychopharmaka (Antidepressiva, Neuroleptika und Anxiolytika) in 2005 und 2006

Die Bedeutung der Antidepressiva gegenüber den Indikationsgruppen der Neuroleptika und Anxiolytika ist aufgrund des hohen Anteils der DDD von nahezu zwei Drittel deutlich zu erkennen.

Der Verlauf der Zahlen zu Verordnungen, Bruttoumsatz und verordneten DDD für Psychopharmaka insgesamt ist für den Zeitraum vom 1. Quartal 2005 bis 4. Quartal 2006 in Abbildung 3 dargestellt.

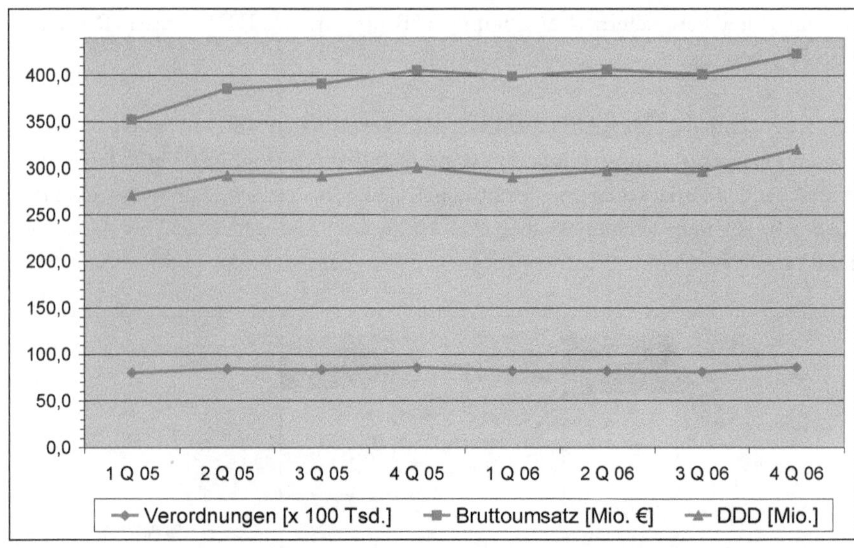

Abb. 3: Verordnungen, Bruttoumsatz und DDD der Psychopharmaka insgesamt im Verlauf von 2005 und 2006

Für die Psychopharmaka insgesamt sind bei der Anzahl der Verordnungen im Verlauf von 2005 und 2006 keine großen Veränderungen erkennbar. Ebenso sind beim Bruttoumsatz und der Anzahl der verordneten DDD in dieser Übersicht keine möglichen Auswirkungen durch Inkrafttreten des AVWG im 3. Quartal 2006 zu erkennen. Vielmehr stiegen die Zahlen der verordneten DDD und des Bruttoumsatzes im 4. Quartal 2006 deutlich an, was vermutlich auf Vorzieheffekte bedingt durch die Erhöhung der Mehrwertsteuer von 16 % auf 19 % zum 01.01.2007 erklärbar ist.

5.2 Veränderungen bei Antidepressiva

Für die Auswertung der Daten zu Antidepressiva wurden 24 ATC-Codes entsprechend 23 Wirkstoffen (Johanniskrautextrakt mit zwei ATC-Codes) verwendet. Die Wirkstoffe wurden für die Berechnungen in die folgenden vier Wirkstoffgruppen eingeteilt:

- trizyklische Antidepressiva (n = 9)
- SSRI/SNRI/SSNRI/dual-serotonerg/α_2-Blocker (n = 11) – im Folgenden als „SSRI/SNRI" bezeichnet
- MAO-Hemmer (n = 2)
- Johanniskrautextrakt (n = 1)

Dargestellt sind in Abbildung 4 die Verordnungen, Bruttoumsatz und DDD für die vier Wirkstoffgruppen. Es ist zu erkennen, dass MAO-Hemmer, sowie Präparate mit Johanniskrautextrakt, bei allen drei Parametern von untergeordneter Bedeutung sind. Die Zahl der Verordnungen, Bruttoumsatz sowie Anzahl DDD gingen bei den Trizyklika von 2005 zu 2006 leicht zurück.

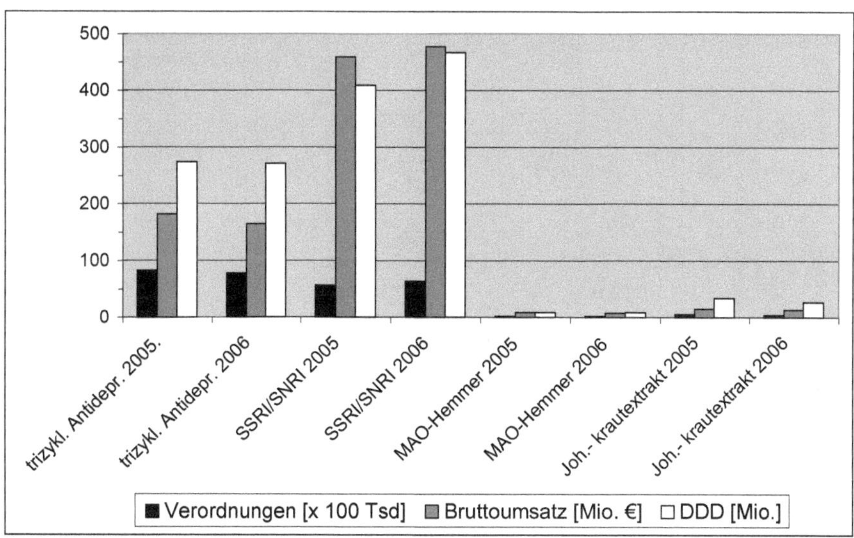

Abb. 4: Antidepressiva: Verordnungen, Bruttoumsatz und DDD in 2005 und 2006

Hingegen ist ein leichter Anstieg der Verordnungszahlen und des Bruttoumsatzes sowie ein starker Anstieg der DDD um ca. 4 % auf annähernd 470 Mio. bei der

Gruppe der selektiven Antidepressiva (SSRI/SNRI) von 2005 zu 2006 zu erkennen.

Der Vergleich der Anzahl DDD der unterschiedlichen Gruppen von Antidepressiva zeigt deutlich, dass die MAO-Hemmer und Johanniskraut-Präparate mit prozentualen Anteilen von 1 bzw. 3 % in 2006 bei der Verschreibung eine untergeordnete Rolle spielen. Dabei sank der Anteil der DDD von Johanniskraut um 2 %-Punkte gegenüber 2005. Von 2005 zu 2006 ging der prozentuale Anteil der verordneten DDD von Trizyklika von 38 auf 35 % zurück, während er bei den SSRI/SNRI von 56 auf 61 % anstieg (Abbildung 5).

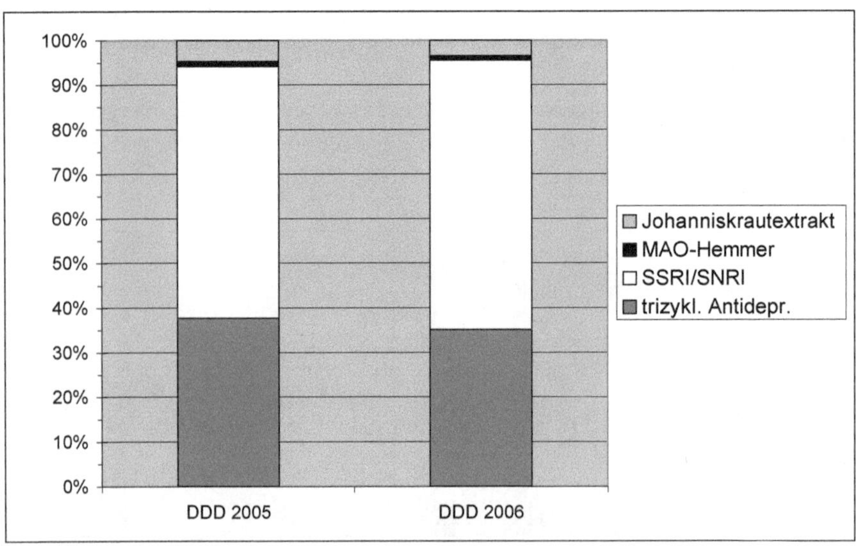

Abb. 5: Verordnete DDD der Antidepressiva in 2005 und 2006

Deutlich erkennbar ist ein stetiger Anstieg der verordneten DDD der SSRI/SNRI im Verlauf des 1. Quartals 2005 zum 4. Quartal 2006, während die Zahlen bei den trizyklischen Antidepressiva und den Johanniskraut-Präparaten tendenziell rückläufig sind (Abbildung 6).

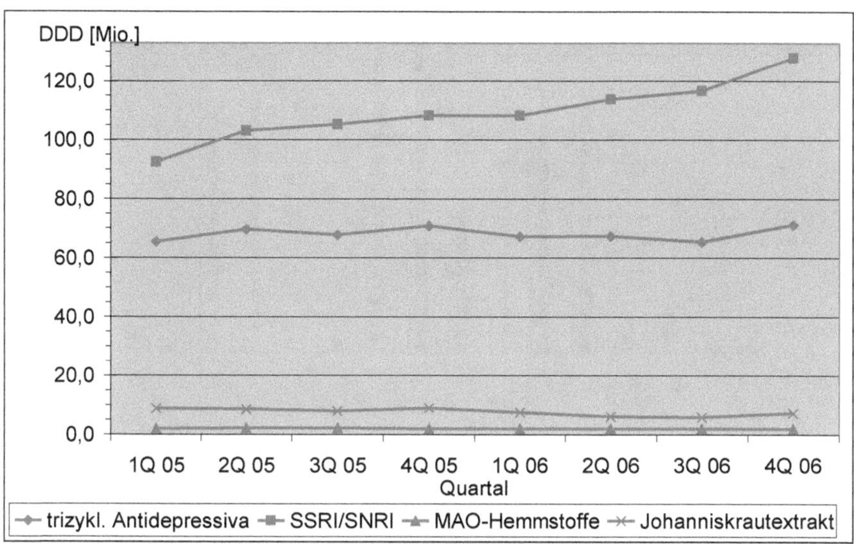

Abb. 6: Verordnete DDD der Antidepressiva im Verlauf von 2005 und 2006

Relativ konstante Zahlen für DDD weisen die MAO-Hemmer in Abbildung 6 auf. Bei allen Gruppen ist der Anstieg im 4. Quartal 2006 aufgrund möglicher Vorzieheffekte bedingt durch die Erhöhung der Mehrwertsteuer zum 01.01.2007 erkennbar.

5.2.1 Vergleich trizyklische Antidepressiva und SSRI/SNRI

Die Wirkstoffgruppen der trizyklischen Antidepressiva und der SSRI/SNRI wurden hinsichtlich Entwicklung der Verordnungen, Bruttoumsatz und Anzahl DDD wirkstoffbezogen näher untersucht.

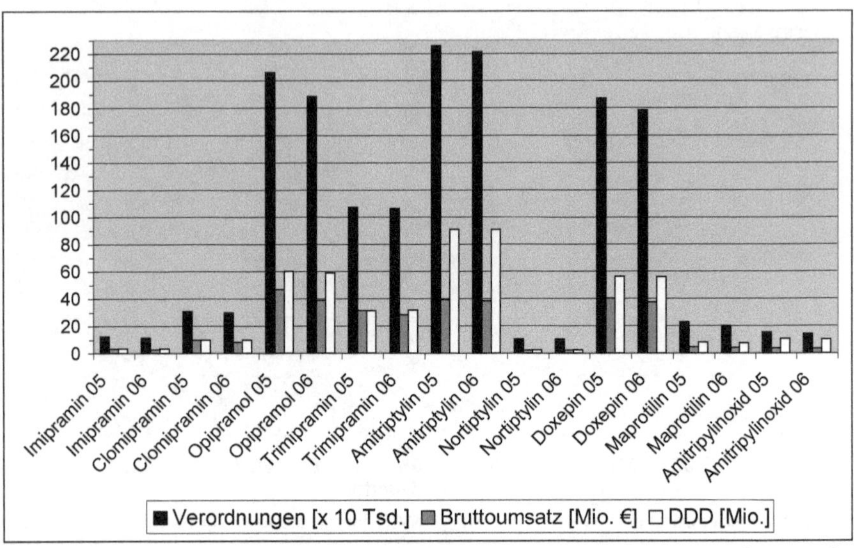

Abb. 7: Trizyklische Antidepressiva: Verordnungen, Bruttoumsatz und DDD in 2005 und 2006 (n = 9)

In Abbildung 7 sind alle untersuchten Trizyklika vergleichend dargestellt. Eine hohe Anzahl von Verordnungen und DDD ist bei Opipramol, Trimipramin, Amitriptylin und Doxepin zu sehen. Amitriptylin wird aus dieser Wirkstoffklasse am häufigsten verschrieben und weist auch den höchsten DDD-Verbrauch auf. Ein Rückgang der Verordnungen sowie des Umsatzes und der DDD von 2005 zu 2006 sind je nach Wirkstoff mehr oder weniger stark ausgeprägt.

Tab. 13: Trizyklische Antidepressiva: Verordnete DDD in 2005 und 2006, inkl. Veränderungen

	2005		2006		Veränderungen 2005 zu 2006 [%]
	DDD [Mio.]	DDD [%]	DDD [Mio.]	DDD [%]	
Opipramol	60,36	22,05	59,10	21,80	- 2,09
Trimipramin	31,32	11,44	31,79	11,73	+ 1,49
Amitriptylin	90,88	33,20	90,66	33,45	- 0,25
Doxepin	56,45	20,62	56,17	20,72	- 0,50
andere	34,72	12,68	33,34	12,30	- 3,96
Σ	273,74	100,00	271,06	100,00	insg.: - 0,99

Bei vergleichender Aufstellung der DDD-Verbräuche der Trizyklika ist zu erkennen, dass außer bei Trimipramin, mit einem Anstieg von 1,5 %, die Zahl der verordneten DDD der einzelnen Wirkstoffe von 2005 zu 2006 unterschiedlich stark abnahm, was insgesamt zu einem Rückgang von ca. 1 % führt (Tabelle 13).

Deutlich ist in Abbildung 8 zu erkennen, dass der Fokus der Verschreibungen bei den selektiven Antidepressiva bei wenigen Wirkstoffen liegt. Den mit Abstand höchsten Verbrauch in DDD hat Citalopram, der von 2005 zu 2006 weiter stieg. Außer den fünf Wirkstoffen der SSRI zeigen noch Mirtazapin und Venlafaxin hohe Zahlen bei den Verordnungen und den DDD.

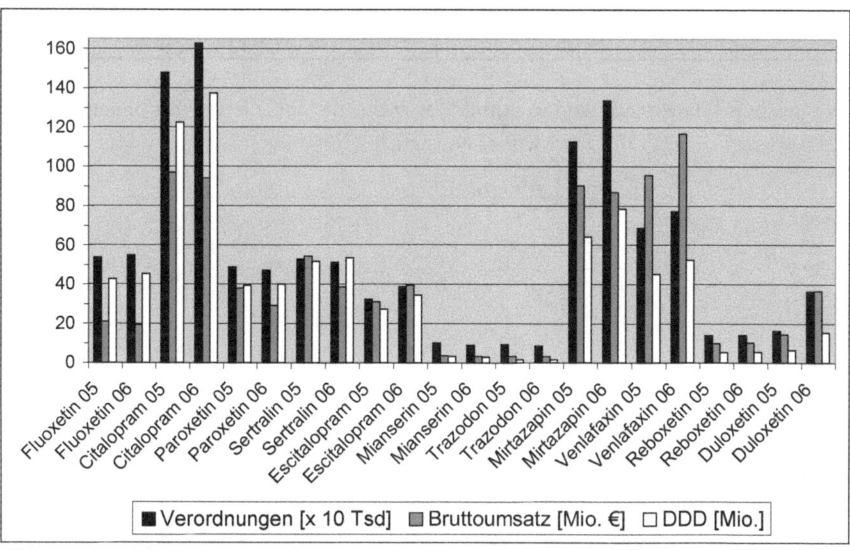

Abb. 8: SSRI/SNRI: Verordnungen, Bruttoumsatz und DDD in 2005 und 2006 (n = 11)

Insgesamt stieg die Zahl der DDD bei den SSRI/SNRI von 2005 zu 2006 um 12 % an – die Steigerungen waren jedoch unterschiedlich ausgeprägt (Tabelle 14). Sowohl bei dem patentfreien Wirkstoffen Citalopram und Mirtazapin als auch bei den patentgeschützten Wirkstoffen Escitalopram und Venlafaxin lagen die prozentualen Zuwachsraten bei den DDD-Verbräuchen im zweistelligen Bereich.

Tab. 14: SSRI/SNRI: Verordnete DDD in 2005 und 2006, inkl. Veränderungen

	2005		2006		Veränderungen 2005 zu 2006 [%]
	DDD [Mio.]	DDD [%]	DDD [Mio.]	DDD [%]	
Fluoxetin	42,67	10,43	45,08	9,65	+ 5,34
Citalopram	122,42	29,92	137,39	29,42	+ 10,89
Paroxetin	39,34	9,62	39,96	8,56	+ 1,55
Sertralin	51,57	12,60	53,45	11,45	+ 3,51
Escitalopram	27,22	6,65	34,43	7,37	+ 20,93
Mirtazapin	64,21	15,69	78,47	16,81	+ 18,17
Venlafaxin	45,11	11,02	52,54	11,25	+ 14,14
andere	16,65	4,07	25,63	5,49	+ 35,04
∑	409,20	100,00	466,94	100,00	insg.: + 12,37

Vergleichend dargestellt sind in Abbildung 9 die elf Wirkstoffe, von denen in 2006 die höchste Anzahl DDD verordnet wurden.

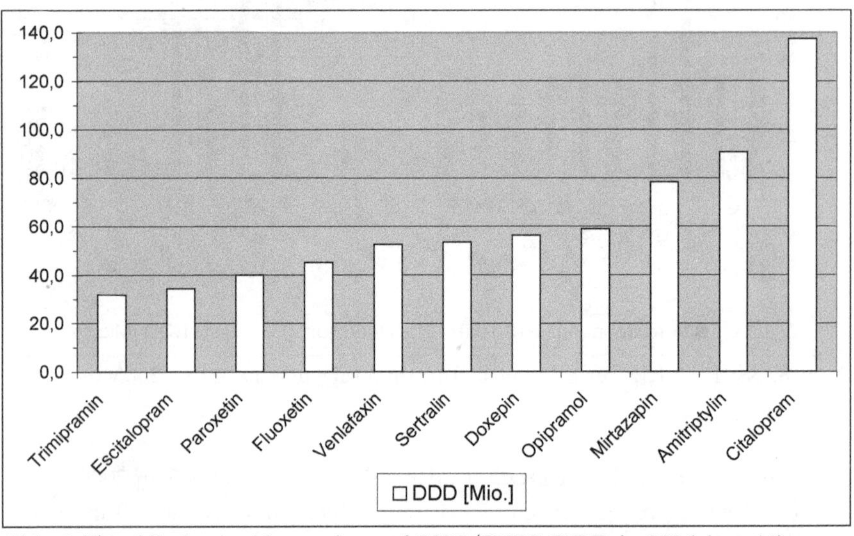

Abb. 9: Trizyklische Antidepressiva und SSRI/SNRI: DDD in 2006 (n = 11)

Citalopram war mit annähernd 140 Mio. DDD das am häufigsten verordnete Antidepressivum in 2006. Mit ca. 50 Mio. weniger DDD folgt Amitriptylin auf dem zweiten Platz. Im Jahr 2005 lag der Unterschied nur bei 30 Mio. DDD. Die trizyklischen Antidepressiva haben noch einen hohen Stellenwert in der Verschreibung von Antidepressiva, dennoch ist schon zu erkennen, dass unter den elf verschreibungsstärksten antidepressiven Stoffen, die neueren selektiven Antidepressiva in der Mehrzahl sind.

Beim Vergleich der Kosten pro DDD für trizyklische Antidepressiva und selektive Wirkstoffe ist ein deutliches Preisgefälle bei diesen Wirkstoffklassen in Abbildung 10 zu erkennen. So reichen die Kosten pro DDD von 0,33 € von Amitriptylinoxid bis zu 2,36 € von Duloxetin. Die pro DDD teuersten sieben Substanzen gehören alle den selektiven Antidepressiva an und sind fast ausnahmslos patentgeschützte Arzneimittel. Trimipramin, als ein Vertreter der Trizyklika, folgt an achter Position.

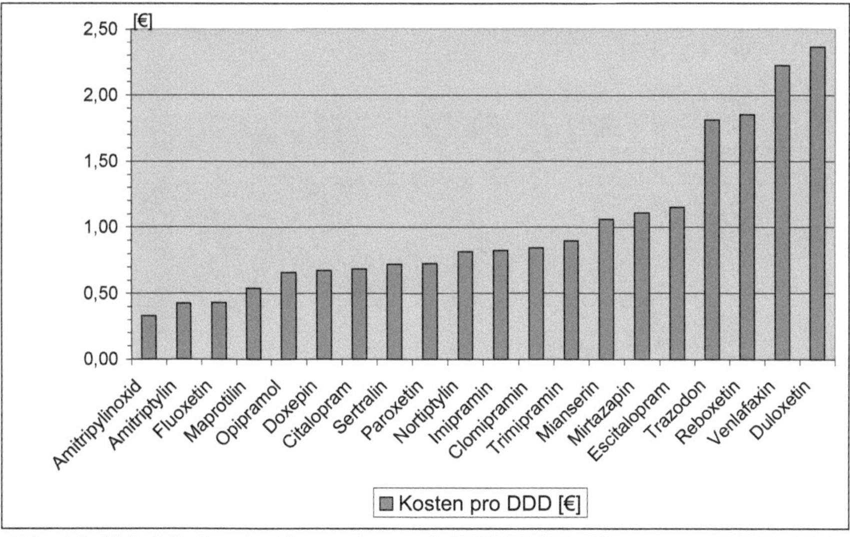

Abb. 10: Trizyklische Antidepressiva und SSRI/SNRI: Kosten pro DDD [€] in 2006

Die Kosten pro DDD gingen bei Fluoxetin, Opipramol, Citalopram, Sertralin, Paroxetin, Clomipramin, Trimipramin und Mirtazapin von 2005 zu 2006 im zweistelligen Prozentbereich zurück. Lediglich bei Venlafaxin, Escitalopram und Duloxetin kam es zu Steigerungen. Da es nach Inkrafttreten des AVWG zu einem Preistopp kam, sind diese Preissteigerungen möglicherweise damit zu erklären, dass es vornehmlich in den ersten beiden Quartalen von 2006 zu den Preisanstiegen kam. Die prozentuellen Veränderungen der Kosten pro DDD von 2005 zu 2006 sind im Anhang aufgeführt.

5.3 Veränderungen bei Neuroleptika

Für die Auswertung der Daten zu Neuroleptika wurden 29 Wirkstoffe mit den entsprechenden ATC-Codes verwendet. Die Wirkstoffe wurden in die folgenden drei Wirkstoffgruppen eingeteilt:

- atypische Neuroleptika (n = 9)
- klassische Neuroleptika (n = 19)
- Lithium (n = 1)

In Abbildung 11 ist dargestellt, dass hinsichtlich der Anzahl der Verordnungen und der DDD die Zahlen der klassischen Neuroleptika noch immer deutlich höher liegen als die der Atypika.

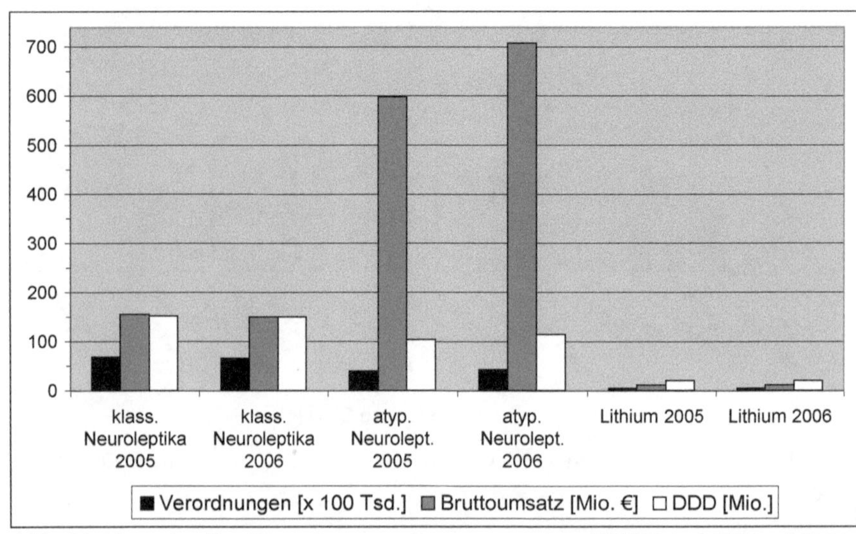

Abb. 11: Neuroleptika: Verordnungen, Bruttoumsatz und DDD in 2005 und 2006

Die Zahlenwerte weisen kaum Veränderungen zwischen 2005 und 2006 auf. Hingegen stieg die Zahl der Verordnungen und insbesondere die der DDD der atypischen Neuroleptika in 2006 an. Ebenso stieg der Bruttoumsatz dieser

Arzneistoffgruppe, der ein Vielfaches höher ist als bei den Wirkstoffen der klassischen Neuroleptika, deutlich um über 100 Mio. € in 2006 an. Bei Lithium sind bei Umsatz, Anzahl der Verordnungen und Verbrauch in DDD keine Veränderungen zu erkennen (Abbildung 11).

Bezüglich der Anzahl DDD nimmt die Gruppe der klassischen Neuroleptika mit mehr als 50 % die bedeutendste Stellung ein. Es ist jedoch ein Rückgang um 3 %-Punkte auf 53 % von 2005 zu 2006 zu erkennen. Der Anteil der DDD der atypischen Neuroleptika nahm hingegen von 37 auf 40 % zu. Bei Lithium gab es keine Veränderung (Abbildung 12).

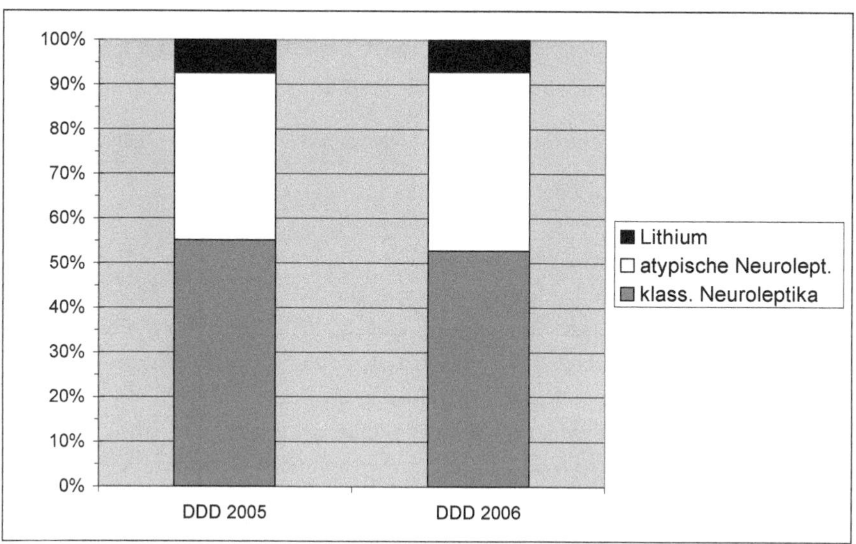

Abb. 12: Verordnete DDD der Neuroleptika in 2005 und 2006

Die quartalsweise Entwicklung der DDD-Verbräuche in 2005 und 2006 ist in Abbildung 13 dargestellt.

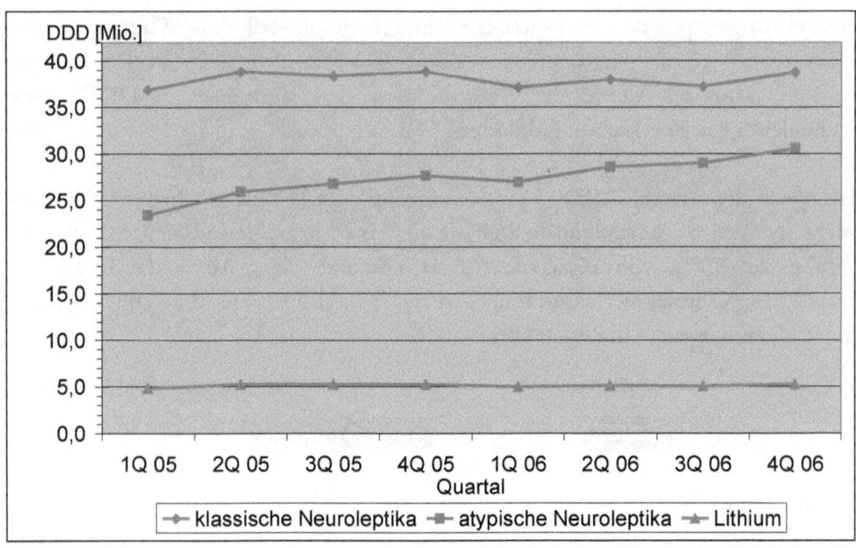

Abb. 13: Verordnete DDD der Neuroleptika im Verlauf von 2005 und 2006

Während bei den klassischen Neuroleptika die Zahlen der DDD im Verlauf vom 1. Quartal 2005 bis zum 3. Quartal 2006 zurückgehen, steigt die Zahl der DDD der Atypika über die Quartale stetig an, sodass die Differenz zwischen diesen beiden Klassen ausgehend vom 1. Quartal 2005 geringer wurde. Bei den vorgenannten Gruppen ist deutlich der Anstieg im 4. Quartal 2006, als möglicher Vorzieheffekt bedingt durch die Mehrwertsteuererhöhung zum 01.01.2007, zu erkennen. Die Zahlen der DDD für Lithium lagen in allen Quartalen bei ca. 5 Mio. und damit ein Vielfaches unter denen der klassischen und atypischen Neuroleptika.

5.3.1 Vergleich klassische und atypische Neuroleptika

Die Wirkstoffe der klassischen Neuroleptika und der Atypika wurden vergleichend genauer untersucht. Zur besseren Handhabung wurden die Wirkstoffe der klassischen Neuroleptika getrennt nach den Phenothiazinen (inkl. Analoga) und Butyrophenonen bearbeitet.

Die vergleichende Darstellung der Wirkstoffe der Phenothiazine und Analoga in Abbildung 14 zeigt ein sehr inhomogenes Bild bezüglich Verordnungen, Bruttoumsatz und verordneter DDD. Es ist keine einheitliche Tendenz bezüglich

Anstieg oder Rückgang bei den einzelnen Wirkstoffen erkennbar. Der höchste Bruttoumsatz entfällt auf Präparate mit Flupentixol.

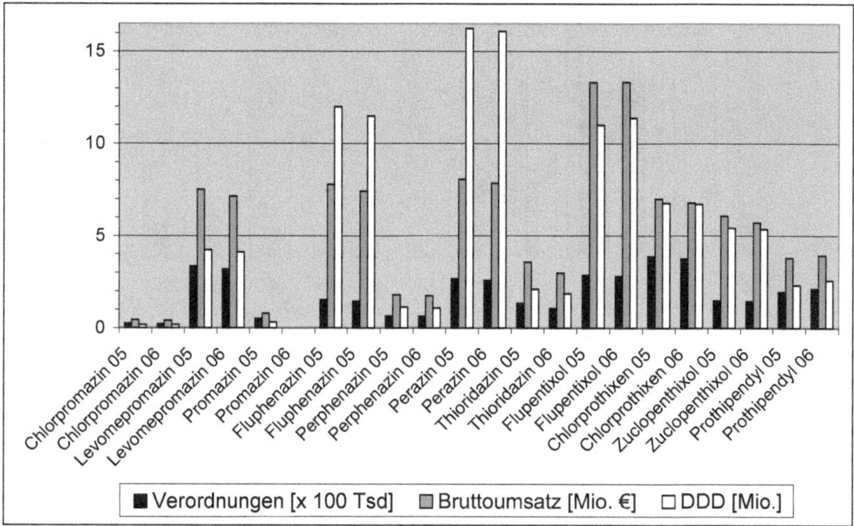

Abb. 14: Klassische Neuroleptika – Phenothiazine: Verordnungen, Bruttoumsatz und DDD in 2005 und 2006 (n = 11)

Verglichen mit den Butyrophenonen (s. Abbildung 15) und Atypika (s. Abbidung 16) erreichen Präparate aus der Gruppe der Phenothiazine jedoch einen wesentlich geringeren Bruttoumsatz. Die wichtigsten Wirkstoffe auf Basis der DDD aus dieser Gruppe sind Perazin, Fluphenazin und Flupentixol. Präparate mit Chlorpromazin und Promazin hingegen spielten in 2005 und 2006 kaum eine Rolle in der Verordnung.

Die in Abbildung 15 dargestellten Zahlen für die Gruppe der Butyrophenone zeigen keine deutlichen Veränderungen bei Verordnungen, Bruttoumsatz und DDD-Verbrauch. Haloperidol hat die mit Abstand höchsten Verordnungen in DDD bei gleichzeitig vergleichsweise niedrigen absoluten Verordnungszahlen. Dies deutet möglicherweise darauf hin, dass von diesem Wirkstoff große Packungen verordnet werden.

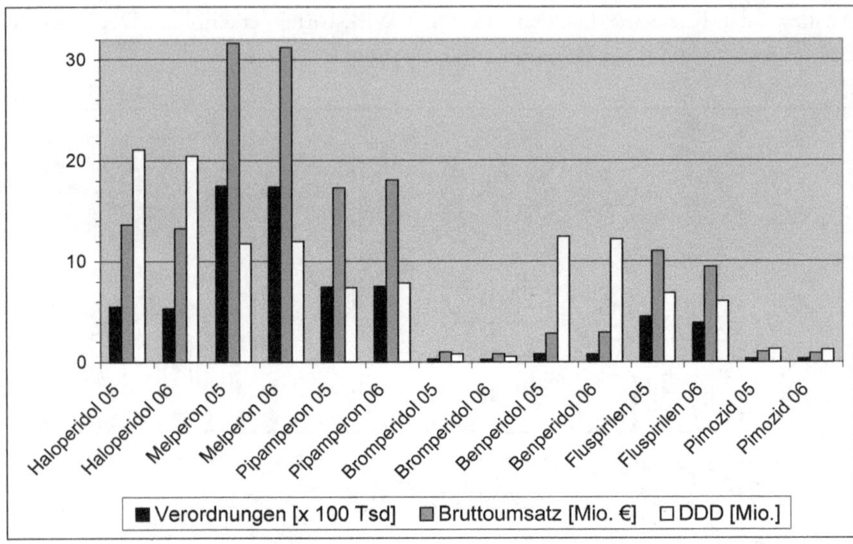

Abb. 15: Klassische Neuroleptika - Butyrophenone: Verordnungen, Bruttoumsatz und DDD in 2005 und 2006 (n = 7)

Dem gegenüber hat Melperon die höchste Zahl Verordnungen dieser Wirkstoffgruppe mit vergleichsweise wenigen DDD, was ein Hinweis auf Verordnung von vorwiegend kleinen Packungen sein könnte. Auffallend ist der mit Abstand höchste Umsatz bei diesem Wirkstoff mit vergleichsweise niedriger Zahl bei den DDD. Erstaunlich hoch ist die Zahl der DDD für Benperidol bei gleichzeitig sehr niedrigen Zahlen für Verordnungen und Bruttoumsatz (Abbildung 15).

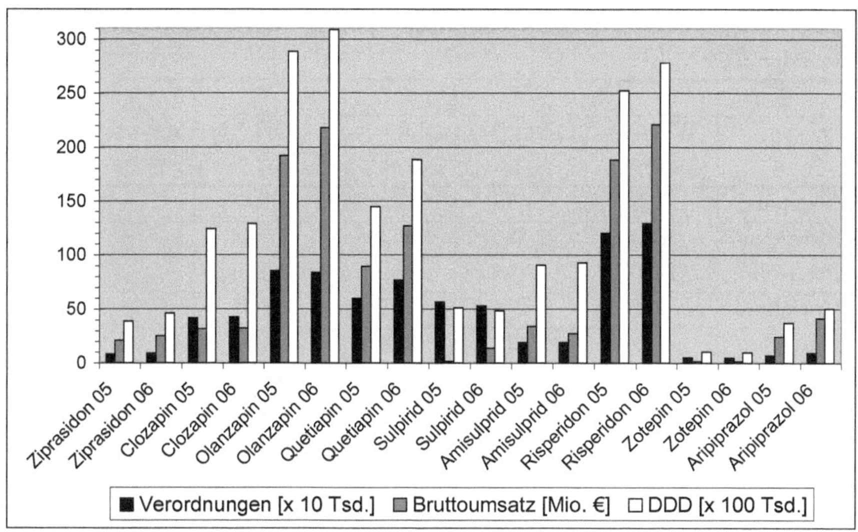

Abb. 16: Atypische Neuroleptika: Verordnungen, Bruttoumsatz und DDD in 2005 und 2006 (n = 9)

Bei den Zahlen für Verordnungen, Bruttoumsatz und DDD der Atypika sind teilweise deutliche Steigerungen von 2005 zu 2006 in Abbildung 16 zu erkennen. So stiegen der Bruttoumsatz und die DDD insbesondere bei Olanzapin, Quetiapin und Risperidon deutlich an. Weniger ausgeprägt sind die Steigerungen bei Ziprasidon, Clozapin und Aripiprazol. Deutlich zu erkennen ist bei Clozapin, Sulpirid und Amisuprid – die einzigen patentfreien Wirkstoffe bei den Atypika – der vergleichsweise niedrige Bruttoumsatz im Verhältnis zur Zahl der DDD.

Aufgeführt sind in Tabelle 15 die fünf Wirkstoffe der atypischen Neuroleptika mit den höchsten verordneten DDD. Die Steigerungsraten bei den DDD von 2005 zu 2006 liegen bei einigen Atypika im zweistelligen Prozentbereich: Risperidon bei 10 % und Zotepin bei 30 %. Die patentfreien Wirkstoffe Clozapin und Amisulprid verzeichneten hingegen nur Steigerungen bei den DDD um ca. 3 %.

Tab. 15: Atypische Neuroleptika: Verordnete DDD in 2005 und 2006, inkl. Veränderungen

	2005		2006		Veränderungen 2005 zu 2006 [%]
	DDD [Mio.]	DDD [%]	DDD [Mio.]	DDD [%]	
Clozapin	12,41	11,95	12,87	11,17	+ 3,72
Olanzapin	28,88	27,81	30,89	26,82	+ 6,99
Quetiapin	14,47	13,94	18,85	16,36	+ 30,23
Amisulprid	9,07	8,74	9,31	8,06	+ 2,56
Risperidon	25,23	24,29	27,80	24,14	+ 10,21
andere	13,79	13,28	15,48	13,44	+ 12,29
∑	103,85	100,00	115,21	100,00	insg.: + 9,86

In Abbildung 16 sind die zehn Wirkstoffe der Neuroleptika aufgeführt, von denen in 2006 die höchste Anzahl DDD verschrieben wurden.

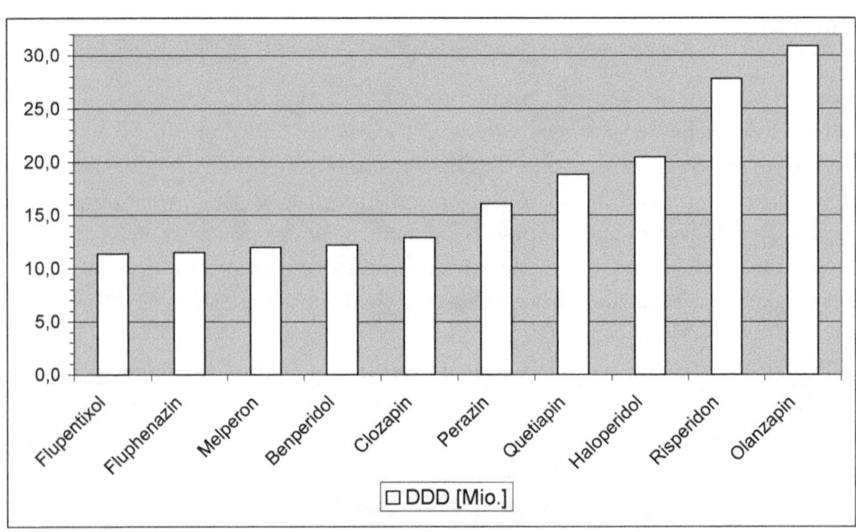

Abb. 17: Klassische und atypische Neuroleptika: DDD in 2006 (n = 10)

Im Jahr 2006 war Olazapin der meistverordnete Wirkstoff mit über 30 Mio. DDD, dicht gefolgt von Risperidon, einem weiteren atypischen Neuroleptikum, mit 28 Mio. DDD. Von Haloperidol, einem hochpotenten klassischen Neuroleptikum, wurden 20 Mio. DDD verschrieben und lag somit an dritter Stelle.

Unter den in Abbildung 16 dargestellten neuroleptischen Wirkstoffe, befinden sich vier atypische und sechs klassische Neuroleptika. Aufgrund der hohen Steigerungsraten bei den neueren atypischen Wirkstoffen, verbunden mit hohen Bruttoumsätzen und den Bestrebungen des AVWG, Einsparungen herbeizuführen, bleibt die weitere Entwicklung in dieser Wirkstoffklasse abzuwarten. Nachfolgend werden die daher Kosten der Neuroleptika etwas näher beleuchtet, um ggf. erste Entwicklungen erkennen zu können.

In Abbildung 18 sind die Kosten pro DDD von atypischen und klassischen Neuroleptika vergleichend dargestellt. Es handelt sich um die ersten acht Wirkstoffe (Aripiprazol bis Promazin) mit den höchsten Kosten pro DDD und den letzten vier Wirkstoffen (Haloperidol bis Benperidol) mit den niedrigsten Kosten pro DDD. An Stelle der Markierung würden die verbleibenden 15 Wirkstoffe in der aufsteigenden Reihefolgen eingeordnet werden. Aus Gründen der übersichtlicheren Darstellung sind diese nicht in der Abbildung enthalten. Die Ergebnisse sind jedoch im Anhang aufgeführt.

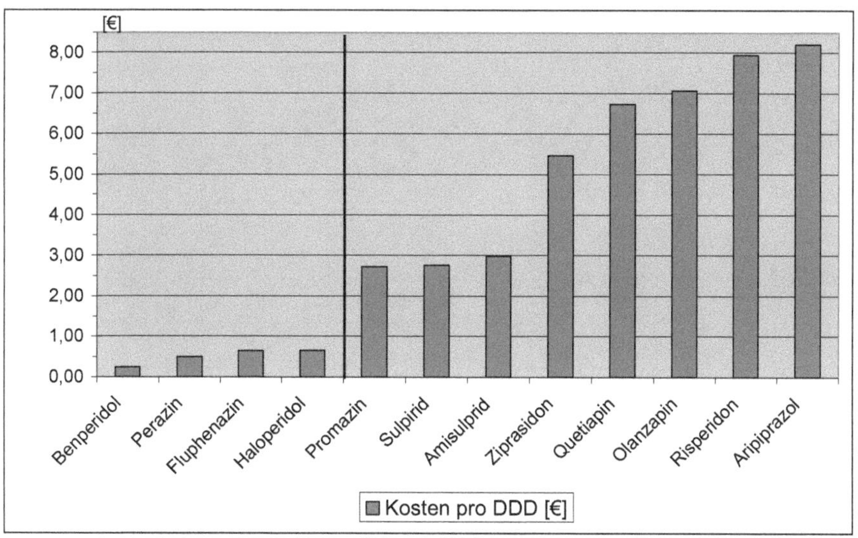

Abb. 18: Klassische und atypische Neuroleptika: Kosten pro DDD [€] in 2006

Deutlich ist das sehr starke Preisgefälle bei den Neuroleptika zu erkennen, das zwischen 0,24 € bei Benperidol und einem ca. 35-mal so hohen Preis von 8,20 € pro DDD bei Aripiprazol liegt. Bei den in der Rangfolge ersten fünf Wirkstoffen mit Preisen von mehr als 5 € pro DDD handelt es sich ausnahmslos um atypische Neuroleptika.

Die Kosten pro DDD der ersten fünf Wirkstoffe Aripiprazol bis Ziprasidon stiegen von 2005 zu 2006 zwischen 25 % (Aripiprazol) und 1,6 % (Ziprasidon) an. Die zwei folgenden Wirkstoffe Amisulprid und Sulpirid verzeichneten Rückgänge bei den Kosten pro DDD um 21 bzw. 10 %. Generell sanken die Kosten pro DDD bis auf wenige Ausnahmen (genaue Zahlen im Anhang) bei den klassischen Neuroleptika von 2005 zu 2006 ab.

5.4 Veränderungen bei Anxiolytika

Für die Auswertung der Daten zu Anxiolytika wurden Arzneimittel von elf Arzneistoffen und die dazugehörigen ATC-Codes untersucht.

In Abbildung 17 sind die DDD aller Anxiolytika insgesamt im quartalsweisen Verlauf der Jahre 2005 und 2006 dargestellt.

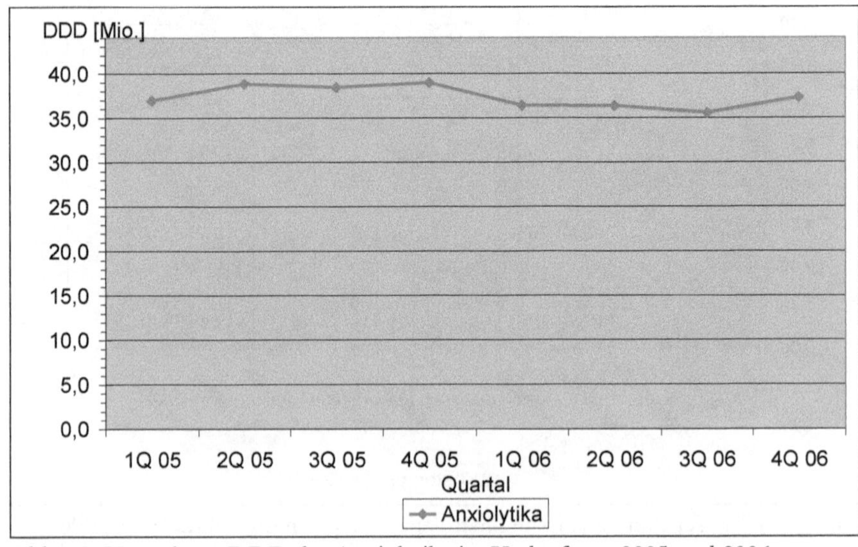

Abb. 19: Verordnete DDD der Anxiolytika im Verlauf von 2005 und 2006

Während vom 1. zum 2. Quartal 2005 noch ein Anstieg der Anzahl DDD in Abbildung 19 zu sehen ist, gibt es im Verlauf vom 2. Quartal 2005 bis zum 3.

Quartal 2006 einen Rückgang – besonders deutlich zu erkennen vom 4. Quartal 2005 zum 1. Quartal 2006. Im 4. Quartal 2006 hingegen ist der Anstieg der DDD der Anxiolytika als Vorzieheffekt mit Hinblick auf die Mehrwertsteuererhöhung zu Anfang 2007 sichtbar.

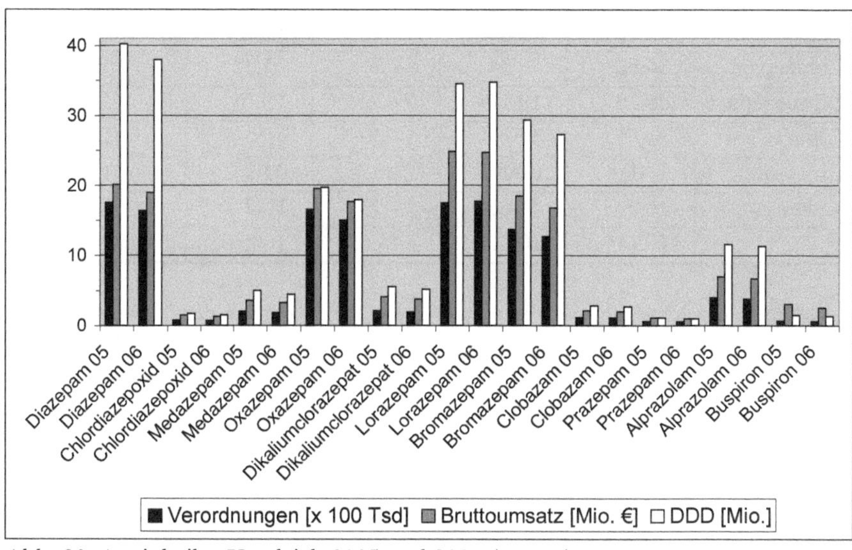

Abb. 20: Anxiolytika: Vergleich 2005 und 2006 (n = 11)

Alle elf Wirkstoffe der Anxiolytika sind in Abbildung 20 vergleichend hinsichtlich von Verordnungen, Bruttoumsatz und DDD dargestellt. Deutlich ist zu erkennen, dass Diazepam die höchste Zahl an Verordnungen in DDD hat, gefolgt von Lorazepam, Bromazepam, Oxazepam und Alprazolam sowohl in 2005 als auch im darauf folgenden Jahr. Die Zahl der Verordnungen der drei erstgenannten Wirkstoffe liegt bei ca. 1,5 bis 2 Mio. Der Bruttoumsatz ist bei Lorazepam deutlich höher als bei den anderen Wirkstoffen.

Buspiron, als einziger Vertreter der Nicht-Benzodiazepine bei den Anxiolytika, wurde zum Vergleich in Tabelle 16 aufgenommen. Hier zeigt sich wie bei fast allen anderen Anxiolytika ein Rückgang der DDD von 2005 zu 2006, der je nach Wirkstoff zwischen 2,8 und 9,5 % liegt.

Tab. 16: Anxiolytika: Verordnete DDD in 2005 und 2006, inkl. Veränderungen

	2005		2006		Veränderungen 2005 zu 2006 [%]
	DDD [Mio.]	DDD [%]	DDD [Mio.]	DDD [%]	
Diazepam	40,24	26,27	37,96	26,07	- 6,01
Oxazepam	19,70	12,86	17,99	12,35	- 9,51
Lorazepam	34,52	22,54	34,76	23,87	+ 0,71
Bromazepam	29,38	19,18	27,32	18,76	- 7,54
Alprazolam	11,61	7,58	11,30	7,76	- 2,68
Buspiron	1,41	0,92	1,33	0,91	- 6,29
andere	16,30	10,65	14,96	10,27	- 9,00
∑	153,16	100,00	145,62	100,00	insges. - 5,18

Insgesamt verzeichneten die Anxiolytika einen Rückgang bei den DDD um mehr als 5 %. Die einzige Ausnahme stellt Lorazepam dar, dessen Anzahl DDD leicht um 0,7 % in 2006 zunahm.

Nachdem Unterschiede bei den Gruppen der Psychopharmaka hinsichtlich Verordnungen und Entwicklungen untersucht wurden, wurden im zweiten Teil der Auswertung die regionalen Unterschiede bei der Versorgung der Patienten mit Psychopharmaka analysiert.

5.5 Versorgungssituation der Patienten mit Psychopharmaka in Deutschland

Eine Antwort auf die Frage ob es bei den Psychopharmaka regionale Unterschiede im Pro-Kopf-Umsatz in Deutschland gibt, lässt sich aus den Ergebnissen in Tabelle 17 ableiten, wobei die Höhe des Umsatzes pro GKV-Versichertem angegeben ist.

Die Umsätze pro GKV-Versichertem mit Psychopharmaka betrugen in 2006 im Durchschnitt ca. 23 €. In Niedersachsen, Bremen und Brandenburg wurden hingegen nur Umsätze von ca. 20 € pro Versichertem erreicht. Einen deutlichen Wert über dem Durchschnitt zeigte das Saarland.

Tab. 17: Psychopharmaka insgesamt: Umsatz pro GKV-Versichertem in 2006 und Veränderung von 2005 zu 2006

Bundesland	Umsatz pro Versichertem in 2006 [€]	Veränderungen 2005 zu 2006 [%]
Niedersachsen	20,21	+ 3,82
Bremen	20,37	+ 5,87
Brandenburg	20,77	+ 9,43
Schleswig-Holstein	22,14	+ 5,77
Sachsen-Anhalt	22,28	+ 9,32
Berlin	22,36	+ 13,35
Thüringen	23,14	+ 9,72
Nordrhein-Westfalen	23,50	+ 5,26
Hessen	23,84	+ 6,43
Bayern	23,88	+ 4,94
Hamburg	23,95	+ 6,41
Sachsen	24,05	+ 6,75
Mecklenburg-Vorpommern	24,24	+ 11,26
Baden-Württemberg	24,27	+ 7,58
Rheinland-Pfalz	25,16	+ 6,25
Saarland	26,34	+ 7,15
Deutschland	*23,27*	*+ 6,46*

In ausnahmslos allen Bundesländern stiegen die Umsätze von 2005 zu 2006 an. Deutliche Zuwächse im zweistelligen Prozentbereich verzeichneten Berlin und Mecklenburg-Vorpommern. Berlin stieg in der Rangfolge der Umsätze pro Versichertem bezogen auf die Bundesländer von der 13. Position in 2005 auf die 11. Position in 2006. Noch deutlicher zeigten sich die Steigerungen bei Mecklenburg-Vorpommern, das von Rang 9 zu Rang 4 in 2006 aufstieg. Das Saarland und Rheinland-Pfalz verbleiben auch in 2006 auf den Spitzenplätzen bei den Pro-Kopf-Umsätzen.

Zur Untersuchung der Versorgungssituation der GKV-versicherten Patienten mit Psychopharmaka wurden die kumulierten Daten der Verschreibungen in DDD aus den KV-Gebieten der Jahre 2005 und 2006 der jeweiligen Anzahl der GKV-Versicherten gegenüber- gestellt, wobei die Daten der KV-Bezirke Nordrhein und Westfalen-Lippe für die Auswertung addiert wurden.

Die Ergebnisse wurden als „Anzahl DDD pro 1.000 Versicherte und Tag“ berechnet. In der Auswertung wurden die GKV-Versicherten - nicht die Gesamtbevölkerung Deutschlands - als Grundgesamtheit betrachtet, da die Verordnungszahlen ebenfalls nur aus Verschreibungen zu Lasten der GKV generiert wurden und nicht alle Verschreibungen (inklusive Krankenhausbedarf und Privatrezepte) mit Psychopharmaka umfassten. Die Anzahl DDD sagt demnach aus, wie viele Patienten von 1.000 Versicherten pro Tag in 2005 bzw. 2006 eine DDD (Standarddosis) erhielten.

5.5.1 Versorgung mit Antidepressiva

In die Auswertung eingeschlossen wurden 23 Wirkstoffe mit der Hauptindikation Depression. Die pro Bundesland erhaltenen Ergebnisse wurden aufsteigend in vier Gruppen gegliedert und sind in Abbildung 21 graphisch dargestellt. Die genauen Zahlenwerte sind im Anhang enthalten.

In Deutschland erhielten in 2006 durchschnittlich zwischen 23 und 35 Patienten von 1.000 GKV-Versicherten pro Tag eine DDD eines Antidepressivums. Bei der Versorgungssituation mit Antidepressiva ist ein Nord-Süd-Gefälle in Deutschland erkennbar. Die Bundesländer mit der höchsten Anzahl Patienten pro 1000 GKV-Versicherten, die eine Standarddosis Antidepressiva erhalten, sind Rheinland-Pfalz, das Saarland, Bayern und Baden-Württemberg, gefolgt von Nordrhein-Westfalen, Hessen und Thüringen. In Sachsen-Anhalt und Brandenburg ist die Anzahl Patienten pro 1.000 GKV-Versicherten mit Standarddosis Antidepressiva pro Tag am niedrigsten. Auffallend ist die wesentlich bessere Versorgung der Patienten in Hamburg und insbesondere in Berlin, im Gegensatz zu den angrenzenden Bundesländern Niedersachsen und Schleswig-Holstein bzw. Brandenburg. Genau entgegengesetzt stellt sich die Situation in Bremen dar, wo die Versorgungssituation niedriger ist als im umgebenden Niedersachsen.

Bei der Versorgung mit Antidepressiva hat es von 2005 zu 2006 in allen Bundesländern Zuwachsraten gegeben, die zwischen 4,5 und 12 % lagen. Dabei ist zu erkennen, dass die Bundesländer mit der geringsten Versorgung (Bremen, Sachsen-Anhalt und Brandenburg) Zuwachsraten aufweisen, die eher im Mittelfeld angesiedelt sind. Die höchste Zuwachsrate hat Berlin, gefolgt von Mecklenburg-

Vorpommern. Die geringsten Steigerungen zeigen Sachsen, Schleswig-Holstein und Niedersachsen.

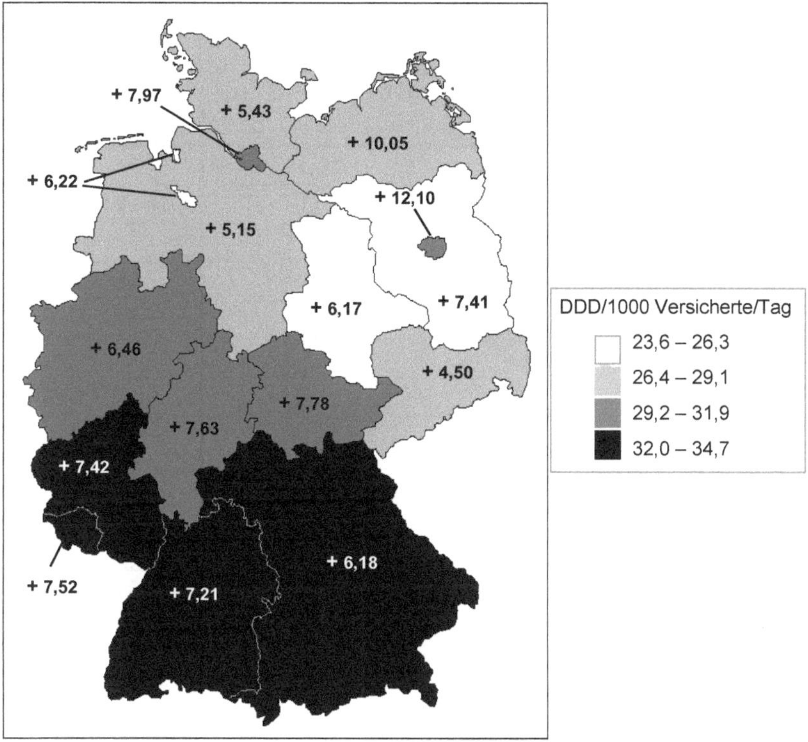

Abb. 21: Antidepressiva - Versorgung der GKV-Versicherten in Deutschland 2006 (mit Angabe der prozentualen Veränderung von 2005 zu 2006)

In Tabelle 18 sind für alle Bundesländer die Zahlen für Trizyklika und SSRI/SNRI hinsichtlich Anzahl Patienten mit Standarddosis pro Tag für 2006 gegenübergestellt. In annähernd allen Bundesländern erhalten durchschnittlich mehr Patienten pro 1.000 GKV-Versicherte eine Tagesdosis (DDD) der neuen Antidepressiva (SSRI, SNRI etc.) als von den älteren nicht-selektiven Trizyklika. Die einzige Ausnahme stellt Bremen dar, wo im Verhältnis durchschnittlich mehr Patienten Trizyklika als SSRI/SNRI erhalten.

In knapp der Hälfte der Bundesländer – Hamburg, Mecklenburg-Vorpommern, Rheinland-Pfalz, Saarland, Schleswig-Holstein, Sachsen-Anhalt und Thüringen –

erhalten bereits doppelt so viele Patienten durchschnittlich eine Tagesdosis SSRI/SNRI wie eine Standarddosis Trizyklika.

Tab. 18: Versorgung mit trizyklischen Antidepressiva (TZA) und SSRI/SNRI in 2006 und Veränderung von 2005 zu 2006

Bundesland	Substanz-klasse	DDD/1.000 Vers./ Tag (in 2006)	Veränderung zu 2005 [%]
Baden-Württemberg	TZA	10,38	- 1,12
	SSRI*	20,18	+ 14,89
Bayern	TZA	10,53	- 1,84
	SSRI	22,28	+ 13,11
Berlin	TZA	10,29	+ 4,58
	SSRI	18,15	+ 20,23
Brandenburg	TZA	8,31	- 1,48
	SSRI	16,31	+ 15,92
Bremen	TZA	12,91	+ 1,11
	SSRI	10,87	+ 16,34
Hamburg	TZA	11,46	- 0,41
	SSRI	18,73	+ 15,94
Hessen	TZA	10,60	- 0,54
	SSRI	19,07	+ 15,02
Mecklenburg-Vorpommern	TZA	9,03	+ 2,02
	SSRI	18,55	+ 17,45
Niedersachsen	TZA	10,19	- 1,86
	SSRI	15,63	+ 12,65
Nordrhein-Westfalen	TZA	11,80	+ 0,35
	SSRI	16,44	+ 14,42
Rheinland-Pfalz	TZA	12,90	- 0,73
	SSRI	19,01	+ 16,10
Saarland	TZA	14,24	+ 1,03
	SSRI	16,49	+ 16,83
Schleswig-Holstein	TZA	10,18	- 1,44
	SSRI	15,28	+ 13,65
Sachsen	TZA	8,57	- 2,67

	SSRI	18,81	+ 11,44
Sachsen-Anhalt	TZA	8,09	- 0,68
	SSRI	14,76	+ 13,44
Thüringen	TZA	9,44	- 2,19
	SSRI	20,18	+ 15,10

*) SSRI: stellvertretend für SSRI, SNRI, SSNRI etc.

Des Weiteren ist Tabelle 18 zu entnehmen, dass es ausnahmslos nur einen Rückgang der Versorgung bei den trizyklischen Antidepressiva von 2005 zu 2006 gab. In den Bundesländern Berlin, Bremen, Mecklenburg-Vorpommern, Nordrhein-Westfalen und Saarland gab es leichte Steigerungen bei der Versorgung mit Trizyklika. Demgegenüber stieg die Versorgung der Patienten mit SSRI/SNRI in allen Bundesländern um einen zweistelligen Prozentbetrag an.

Zur Verdeutlichung der Angaben in Tabelle 18 sind in Abbildung 22 die Bundesländer aufsteigend nach Höhe der Versorgung in 2006 mit trizyklischen Antidepressiva und SSRI/SNRI dargestellt.

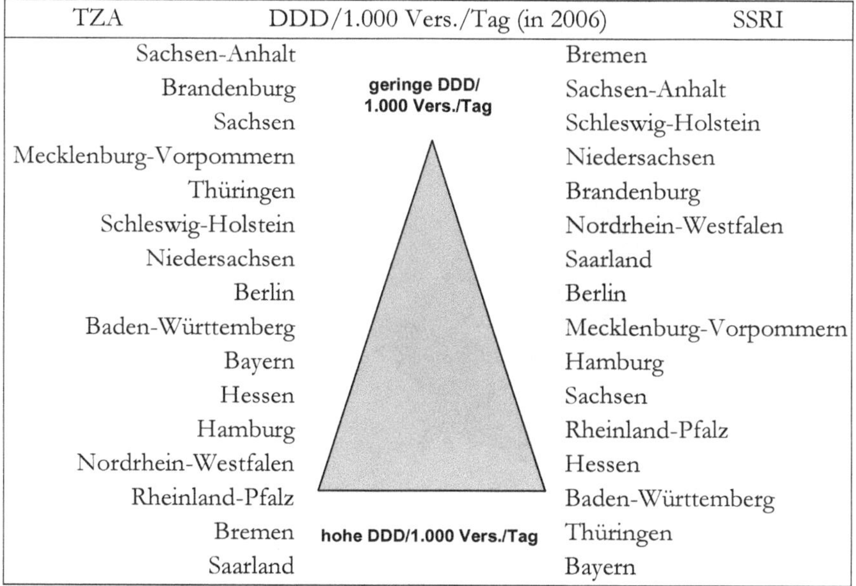

Abb. 22: Rangfolge der Bundesländer bei Versorgung mit trizyklischen Antidepressiva (TZA) und SSRI/SNRI in 2006

Während Bremen bei die Versorgung mit Trizyklika im Vergleich zu den anderen Bundesländern auf Platz 2 liegt, ist die Situation bei den SSRI gänzlich anders – hier ist Bremen das Bundesland mit dem geringsten Versorgungsniveau. Rheinland-Pfalz hingegen nimmt bei beiden Gruppen von Antidepressiva deutschlandweit einen vorderen Platz in der Rangfolge der Versorgung ein. Bayern nimmt bei der Versorgung mit neueren Antidepressiva (SSRI etc.) den Spitzenplatz ein, gefolgt von Thüringen und Baden-Württemberg. In Sachsen-Anhalt liegt die Versorgungssituation mit Antidepressiva insgesamt, sowohl mit TZA als auch mit den neueren Antidepressiva, auf einem deutlich niedrigerem Niveau.

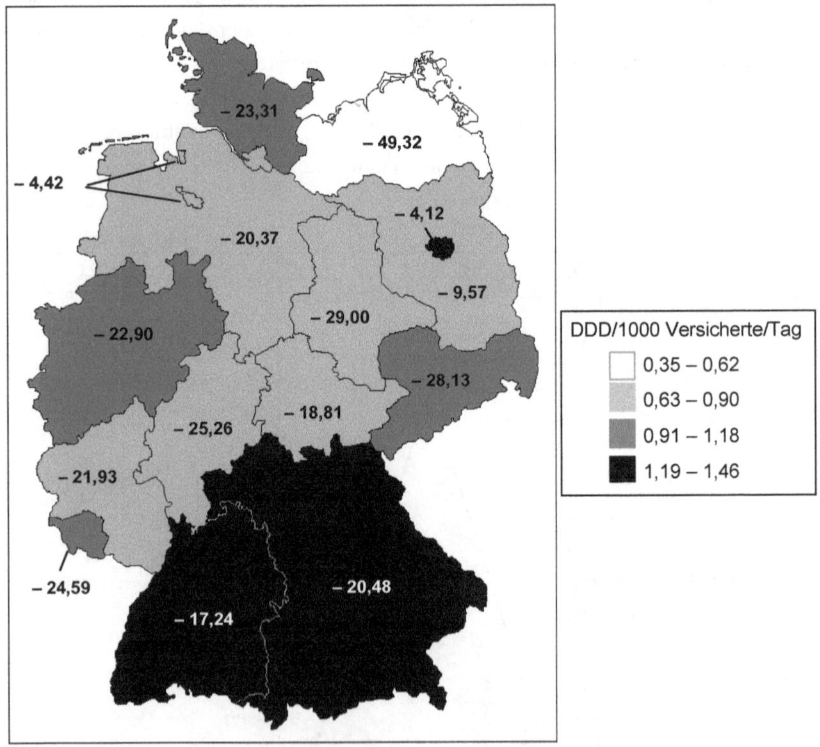

Abb. 23: Johanniskrautextrakt - Versorgung der GKV-Versicherten in Deutschland 2006 (mit Angabe der prozentualen Veränderung von 2005 zu 2006)

Johanniskrautextrakte sind als verschreibungsfreie Arzneimittel bei mittelschweren Depressionen erstattungsfähig. Bei der Verordnung bzw. der Versorgung von Patienten mit diesen pflanzlichen Präparaten sind in Deutschland ebenfalls deutliche Unterschiede zu sehen (Abbildung 23).

Während in Mecklenburg-Vorpommern ca. 370 Patienten pro 1 Mio. Versicherte eine Standarddosis Johanniskrautextrakt erhalten, sind es in Berlin etwa viermal so viele (1.460 pro 1 Mio. Versicherte). Deutlich ist die wesentlich höhere durchschnittliche Versorgung in Berlin im Gegensatz zu Brandenburg zu sehen. Auch im Süden Deutschlands ist die Zahl der Patienten deutlich höher als in vielen anderen Bundesländern.

Dennoch ist in Abbildung 23 deutlich zu erkennen, dass es bei den Verordnungen von Johanniskrautpräparaten in allen Bundesländern einen starken Rückgang von 2005 zu 2006 im Durchschnitt von 25 % gab. Den höchsten Rückgang gab es in Mecklenburg-Vorpommern mit 50 %. Berlin, Sachsen und Baden-Württemberg verzeichneten hingegen vergleichsweise niedrige Rückgänge zwischen 14 und 19 %

5.5.2 Versorgung mit Neuroleptika

Für die Auswertung der Versorgungssituation mit Neuroleptika wurden 29 Wirkstoffe eingeschlossen. Die pro Bundesland erhaltenen Ergebnisse wurden aufsteigend in vier Gruppen gegliedert und sind in Abbildung 24 graphisch dargestellt. Die genauen Ergebnisse sind im Anhang enthalten.

In Deutschland erhielten in 2006 durchschnittlich zwischen 10 und 14 Patienten von 1.000 GKV-Versicherten pro Tag eine Tagesdosis eines Neuroleptikums.

Abbildung 24 lässt deutlich erkennen, dass die Versorgungssituation mit Neuroleptika bei den GKV-Versicherten im Durchschnitt regional sehr heterogen ist. Die Bundesländer mit der höchsten Anzahl Patienten pro 1.000 GKV-Versicherten, die eine Standarddosis Neuroleptika erhalten, sind Bremen und das Saarland. Hingegen sind weite Teile Deutschlands im Nordwesten, Süden und in Mitteldeutschland weniger gut versorgt. Im Westen, Südwesten und im Norden ist die Situation etwas besser.

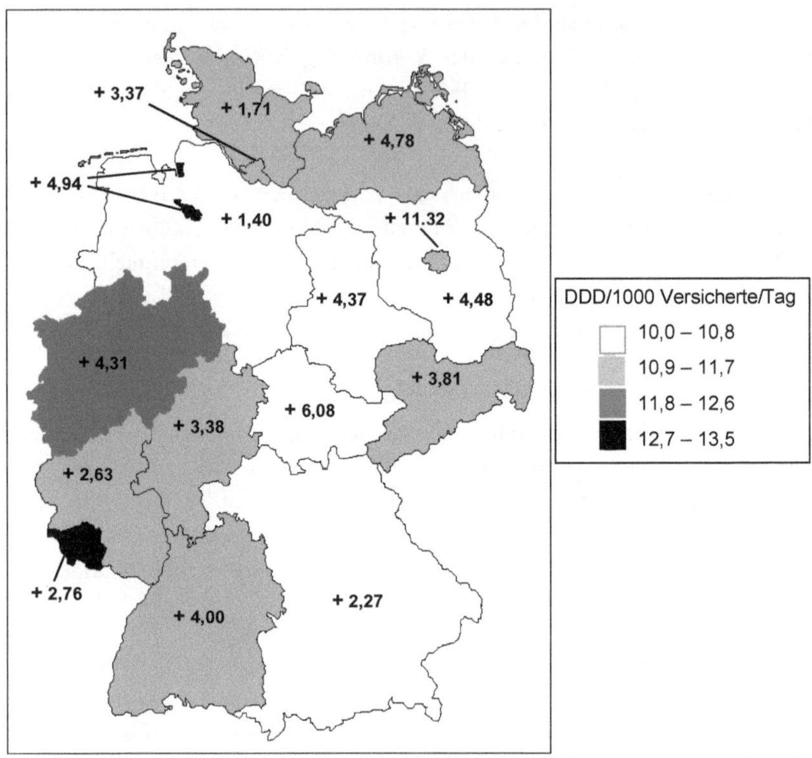

Abb. 24 Neuroleptika - Versorgung der GKV-Versicherten in Deutschland 2006 (mit Angabe der prozentualen Veränderung von 2005 zu 2006)

Von 2005 zu 2006 stieg die Versorgung in allen Bundesländern ausnahmslos an – allerdings sind deutliche Unterschiede im Zuwachs zu erkennen. Während Niedersachsen und Schleswig-Holstein einen Zuwachs von ca. 1,5 % zeigen, liegt die prozentuale Steigerung in Berlin mit mehr als 11 % annähernd zehnmal so hoch. Durchschnittlich lag die Zuwachsrate in den übrigen Bundesländern zwischen 2,6 und 6 % (Abbildung 24).

Die Anzahl Patienten pro 1.000 Versicherte, die eine Tagesdosis atypischer Neuroleptika erhält, liegt je nach Bundesland zwischen 3,7 in Niedersachsen und 4,9 in Rheinland-Pfalz und weist somit deutschlandweit keine großen Unterschiede auf (Tabelle 19). Ausnahmslos in allen Bundesländern erhalten mehr Patienten eine Standarddosis eines klassischen als eines atypischen Neuroleptikums.

Tab. 19: Versorgung mit klassischen und atypischen Neuroleptika in 2006 und Veränderung von 2005 zu 2006

Bundesland	Substanzklasse	DDD/1.000 Vers./ Tag (in 2006)	Veränderung zu 2005 [%]
Baden-Württemberg	klass. Neurolept.	5,69	- 1,04
	atyp. Neurolept.	4,74	+ 11,79
Bayern	klass. Neurolept.	5,11	- 2,29
	atyp. Neurolept.	4,31	+ 9,95
Berlin	klass. Neurolept.	5,99	+ 6,21
	atyp. Neurolept.	4,74	+ 19,70
Brandenburg	klass. Neurolept.	5,34	- 1,48
	atyp. Neurolept.	4,14	+ 13,42
Bremen	klass. Neurolept.	8,50	+ 2,41
	atyp. Neurolept.	4,24	+ 10,70
Hamburg	klass. Neurolept.	5,78	- 2,53
	atyp. Neurolept.	4,81	+ 12,65
Hessen	klass. Neurolept.	5,80	- 0,85
	atyp. Neurolept.	4,69	+ 10,61
Meckl.-Vorpommern	Klass. Neurolept.	6,34	- 2,16
	atyp. Neurolept.	4,72	+ 15,97
Niedersachsen	klass. Neurolept.	5,79	- 2,03
	atyp. Neurolept.	3,74	+ 8,72
Nordrhein-Westfalen	klass. Neurolept.	6,70	+ 0,90
	atyp. Neurolept.	4,70	+ 10,07
Rheinland-Pfalz	klass. Neurolept.	5,97	- 1,81
	atyp. Neurolept.	4,88	+ 9,66
Saarland	klass. Neurolept.	7,55	- 3,08
	atyp. Neurolept.	4,73	+ 13,43
Schleswig-Holstein	klass. Neurolept.	6,07	+ 5,57
	atyp. Neurolept.	4,52	+ 11,33
Sachsen	klass. Neurolept.	5,73	- 1,21
	atyp. Neurolept.	4,50	+ 14,21
Sachsen-Anhalt	klass. Neurolept.	5,70	- 10,38
	atyp. Neurolept.	4,47	+ 10,37
Thüringen	klass. Neurolept.	5,12	+ 0,06
	atyp. Neurolept.	4,31	+ 15,55

Bei der Versorgung mit klassischen Neuroleptika gibt es größere Unterschiede in Deutschland. So nehmen durchschnittlich in Bayern 5,1 Patienten pro 1.000 Versicherte pro Tag eine Standarddosis eines klassischen Neuroleptikums, wobei diese Zahl noch die Zahl der Patienten in Rheinland-Pfalz, die atypische Neuroleptika erhalten, übersteigt. In Bremen erhalten 8,5 Patienten pro 1.000 Versicherter eine Tagesdosis klassischer Neuroleptika und liegen damit im deutschlandweiten Vergleich auf dem ersten Platz.

Ein Rückgang der Versorgung mit Neuroleptika ist nur bei den klassischen Wirkstoffen in Tabelle 19 zu erkennen. Die Zuwachsraten bei den atypischen Neuroleptika liegen zwischen 9 % in Niedersachsen und 20 % in Berlin. Bei den klassischen Neuroleptika gab es von 2005 zu 2006 in einigen Bundesländern (Berlin, Bremen, Nordrhein-Westfalen, Schleswig-Holstein und Thüringen) Zuwachsraten im unteren einstelligen Prozentbereich.

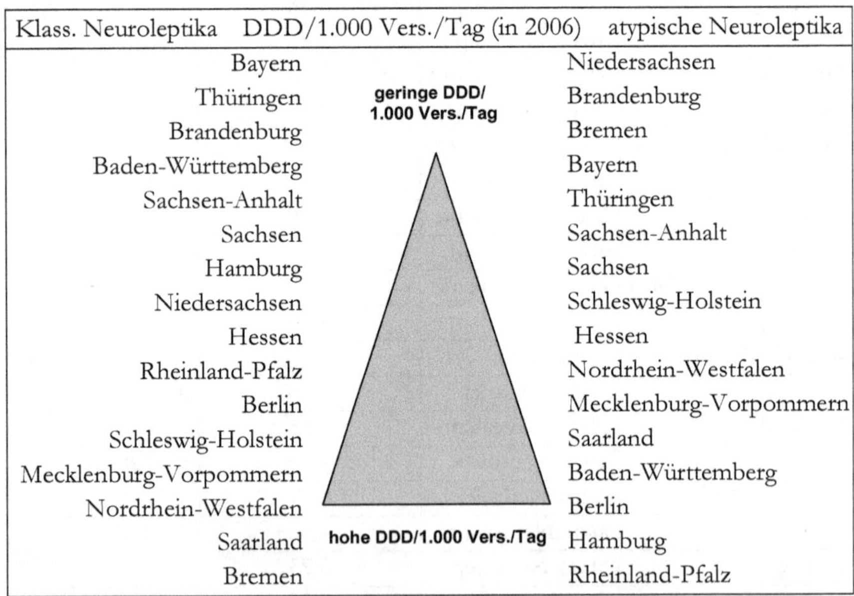

Abb. 25: Rangfolge der Bundesländer bei Versorgung mit klassischen und atypischen Neuroleptika in 2006

Ergänzend zu Tabelle 19 veranschaulicht Abbildung 25 die Rangfolge der Bundesländer bei der Versorgung der Patienten mit klassischen und atypischen

Neuroleptika. Die Bundesländer Saarland und Bremen, in denen es die durchschnittlich höchste Versorgung mit Neuroleptika insgesamt gibt (Abbildung˚24), liegen bei der Versorgung mit klassischen Neuroleptika bei der Rangfolge der Bundesländer ganz vorn. Demgegenüber liegt Bremen aber bei der Versorgung mit atypischen Neuroleptika weit hinten. Die Patienten in Berlin, dem Bundesland mit der höchsten Zuwachsrate in der Versorgung mit Neuroleptika (s. Abbildung 24), liegen im Vergleich der Bundesländer bei der Einnahme von atypischen Neuroleptika an dritter Position.

5.5.3 Versorgung mit Anxiolytika

Die Versorgungssituation der GKV-Versicherten mit Anxiolytika in den einzelnen Bundesländern wurde mit elf Wirkstoffen untersucht.

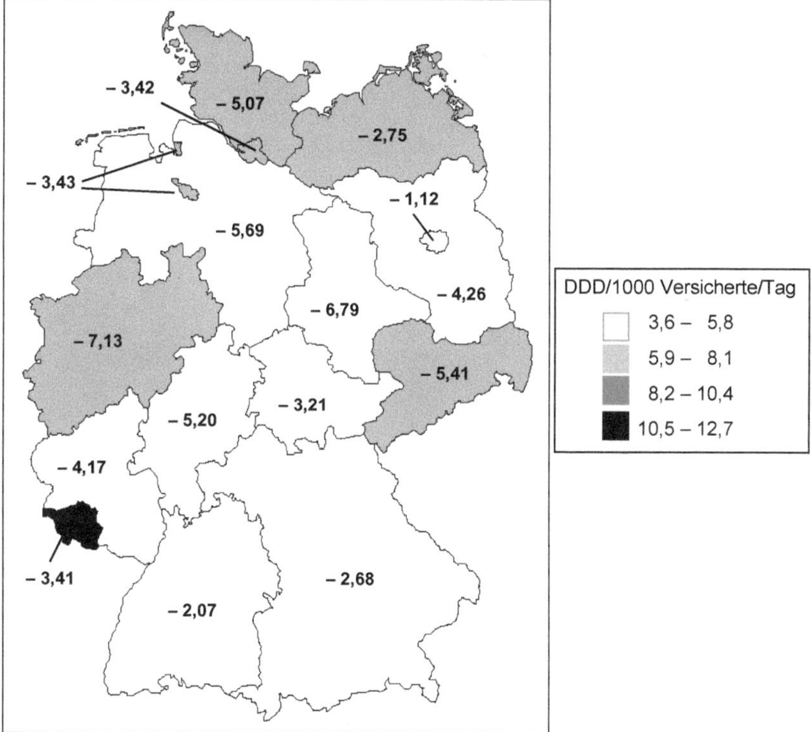

Abb. 26: Anxiolytika - Versorgung der GKV-Versicherten in Deutschland 2006 (mit Angabe der prozentualen Veränderung von 2005 zu 2006)

Ein deutlicher Unterschied ist in Deutschland bei der Versorgung von Patienten pro 1.000 GKV-Versicherte mit Anxiolytika zu erkennen. Während im Saarland durchschnittlich über 12 Patienten pro 1.000 Versicherte pro Tag eine Standarddosis Anxiolytika erhalten, und damit deutlich vor allen anderen Bundesländern liegt, sind dies in der überwiegenden Zahl der Bundesländer zwischen 3 und 6 Patienten bzw. in einigen Bundesländern (Nordrhein-Westfalen, Hamburg, Schleswig-Holstein, Mecklenburg-Vorpommern und Sachsen) bis zu 8 Patienten.

Von 2005 zu 2006 ist in allen Bundesländern der Verbrauch von Anxiolytika zurückgegangen. Der geringste Rückgang ist in Berlin mit ca. 1 % zu sehen. Wesentlich stärkere Rückgänge von 5 bis 7 % gab es in der Mitte Deutschlands (Niedersachsen, Sachsen-Anhalt, Sachsen, Hessen und Nordrhein-Westfalen) und in Schleswig-Holstein, wovon Nordrhein-Westfalen den höchsten Rückgang mit über 7 % aufweist. Der Rückgang der übrigen Bundesländer liegt bei ca. 2 bis 3 %.

Diskussion

Bei Betrachtung des Psychopharmakamarktes hinsichtlich der Verschreibungen zu Lasten der GKV ist deutlich zu erkennen, dass es von 2005 zu 2006 zu einer Steigerung bezüglich der verordneten DDD kam. Das AVWG trat am 01.05.2006 in Kraft. Erste Auswirkungen des Gesetzes hinsichtlich der Verordnung von Arzneimitteln wären demnach frühestens im 3. Quartal 2006 erkennbar gewesen, da es häufig vorkommt, dass Verordnungen in einem Quartal vom Arzt ausgestellt werden, aber erst im nächsten Quartal in der Apotheke eingelöst werden. Des Weiteren muss aber auch bedacht werden, dass einige Maßnahmen zur Kostendämpfung nicht gleich greifen. Zudem waren im 4. Quartal 2006 deutliche Steigerungen bei den Verordnungszahlen zu sehen, was vermutlich als Vorzieheffekt aufgrund der Erhöhung der Mehrwertsteuer zum 01.01.2007 zu interpretieren ist.

Antidepressiva stellen bei den Verordnungen die wichtigste Indikationsklasse innerhalb der Psychopharmaka dar. Eine Ursache für den weiter steigenden Verbrauch von Antidepressiva in Deutschland trotz Inkrafttretens des AVWG - 6,5 % Steigerung von 2005 zu 2006 - könnte die immer besser werdende Diagnostik der Depression sein. Dies setzt das Vorhandensein einer ausreichenden Zahl von Fachärzten oder eine verbesserte Diagnosestellung bei Allgemeinmedizinern voraus. Der relative Mangel an Ärzten insgesamt könnte ein Grund sein, weshalb die Versorgung mit Antidepressiva in Brandenburg und Sachsen-Anhalt am niedrigsten ist. Hingegen ist die Versorgung im Süden Deutschlands wesentlich höher. Die höheren Werte bei der Versorgung in Berlin und Hamburg als in Brandenburg und Schleswig-Holstein können auf die Zentrumsfunktion der beiden Großstädte zurückzuführen sein, da hier häufig auch das Umland mitversorgt wird.

Insbesondere die selektiven Antidepressiva zeigten hohe Zuwächse. Dies könnte bedingt sein durch die Therapieempfehlungen der Arzneimittelkommission der deutschen Ärzteschaft (AkdÄ), die die selektiven Antidepressiva aufgrund des günstigeren Nebenwirkungsprofils empfiehlt [40]. Dennoch sind trizyklische Antidepressiva weiterhin eine wichtige Behandlungsoption für diese Indikation, wie die Verordnungszahlen zeigen. Amitriptylin liegt an zweiter Position nach Citalopram hinsichtlich verschriebener DDD. Die verschreibenden Ärzte können bei diesen Substanzen (Trizyklika) auf mehr Erfahrung zurückgreifen, weil es sich hier um durchweg ältere Substanzen handelt, die teilweise schon sehr lang auf dem Markt sind.

Die Bedarfsgerechtigkeit bei der Versorgung der Patienten mit Antidepressiva kann nur grob geschätzt werden. Man geht von ca. 3 Mio. GKV-Versicherten aus, die an einer Depression leiden [41]. Einer Behandlung einer akuten Depression folgt nach Besserung eine mindestens weitere sechsmonatige medikamentöse Therapie. Geht man von einer geschätzten Therapiedauer von 200 Tagen entsprechend 200 DDD aus, so hätten 3,86 Mio. Patienten in 2006 mit Antidepressiva versorgt werden können. Dies sieht zunächst nach einer Überversorgung aus. Allerdings werden insbesondere die selektiven Antidepressiva für immer mehr Indikationen zugelassen. Panik-, Angst- und Essstörungen sowie neuropathische Schmerzen sind nur einige Gebiete, in denen die selektiven Antidepressiva ebenfalls eingesetzt werden. Des Weiteren handelt es sich bei einer DDD um eine rein technisch festgelegte Dosis, die so nicht zwangsläufig zur Therapie eingesetzt wird. So werden insbesondere in der Akuttherapie einer Depression höhere Dosierungen eingesetzt als in der Langzeittherapie.

Johanniskrautpräparate nehmen bei der Verordnung zur Behandlung von Depressionen eine untergeordnete Rolle ein. Es ist darüber hinaus ein deutlicher Rückgang bei den Verordnungen zu sehen. Gründe hierfür könnten die teilweise ausgeprägten Interaktionen mit anderen Wirkstoffen sein. Darüber hinaus könnte mangelnde nachgewiesene Wirksamkeit eine Überlegung der Verordner sein, diese Präparate nicht zu verschreiben.

Die Verordnungszahlen der Neuroleptika zeigten eine Steigerung in 2006 auch nach Inkrafttreten des AVWG. Während jedoch die Zahlen der DDD der klassischen Neuroleptika stagnierten, ist die Steigerung der Verordnungszahlen fast überwiegend auf mehr Verschreibungen von atypischen Neuroleptika zurückzuführen. Diese Wirkstoffgruppe gilt laut aktueller Therapieleitlinie der Schizophrenie als Mittel der ersten Wahl, insbesondere aufgrund der Wirkungsweise bzw. des Nichtauftretens von extrapyramidal-motorischen Nebenwirkungen [21]. Zu bedenken ist jedoch der relativ hohe Preis pro DDD insbesondere im Vergleich zu den klassischen Neuroleptika. Vor dem Hintergrund, dass die Verordnungen der Atypika weiter ansteigen und die der klassischen Neuroleptika stagnieren bzw. leicht rückläufig sind, werden

Maßnahmen des AVWG in diesem Bereich vermutlich kaum zu Einsparungen führen.

Eine Überprüfung der Wirtschaftlichkeit bzw. Angemessenheit der Versorgung mit Neuroleptika ist schwierig. Man geht von einer Punktprävalenz der Schizophrenie von 0,46 % aus [19]. Dies entspräche einer Zahl von 277.000 Patienten. Für Deutschland nimmt man eine Prävalenz von 1 %, woraus sich bezogen auf die GKV-Versicherten 600.000 Patienten errechnen würden [42]. Unter Berücksichtigung, dass 20 % der Patienten nach einer ersten akuten Phase voll wiederhergestellt sind und somit keine weitere Medikation benötigen, ergibt sich gemittelt unter Berücksichtigung beider Prävalenzen eine Zahl von 350.000 Patienten mit Schizophrenie. Man geht bei Dauermedikation üblicherweise von einer DDD pro Tag aus. Somit hätten mit den DDD aus 2006 ca. 786.000 Patienten behandelt werden können. Dies bedeutet nicht zwangsläufig, dass es also eine Überversorgung mit Neuroleptika gibt. Wie oben schon angedeutet, ist die Angabe einer DDD eine theoretische Dosis, sodass eine Behandlung mit einem Vielfachen der DDD ebenfalls laut Dosierungsangaben und Schweregrad der Erkrankung möglich ist.

Die klassischen Neuroleptika mit niedriger neuroleptischer Potenz weisen einen sedierenden Effekt auf und sind bei Unruhezuständen indiziert. Es ist denkbar, dass ein Einsatz der verordneten Arzneimittel in diesem Indikationsgebiet, also zur Ruhigstellung von Patienten in z. B. Alten- und Pflegeheimen [41] zu den eigentlich zu hohen Verbrauchszahlen im Vergleich zur Prävalenz der Schizophrenie führt.

Die Verordnungszahlen für Anxiolytika - im engeren Sinn fast ausschließlich Benzodiazepine - waren in 2006 rückläufig und führten auch zu Einsparungen für die GKV. Es kann jedoch davon ausgegangen werden, dass dies keine Auswirkung des AVWG darstellt, da Benzodiazepine per se schon sehr günstige Arzneimittel mit einer hohen Generikaquote sind. Außerdem muss man davon ausgehen, dass die zum Teil offensiv vermittelten Anwendungsbeschränkungen für die Benzodiazepine dazu geführt haben, dass diese zumindest bei Neueinstellungen berücksichtigt werden und sie bei bereits abhängigen Personen mit einer Dauertherapie nicht mehr zu Lasten der GKV, sondern auf Privatrezept verordnet worden sind.

Aufgrund des Abhängigkeitspotentials der Benzodiazepine sollen diese nicht länger als vier Wochen eingenommen werden. Die selektiven Antidepressiva, die ebenfalls bei Angststörungen eingesetzt werden, verfügen über kein vergleichbares Abhängigkeitspotential. Es ist deshalb auch denkbar, dass aufgrund dessen anstelle der Benzodiazepine verstärkt selektive Antidepressiva verordnet wurden.

Abschließend lässt sich aus den vorliegenden Ergebnissen und Berechnungen festhalten, dass es bei den GKV-Patienten im Durchschnitt keine nachweisbare Unterversorgung mit Psychopharmaka gibt. Es gibt jedoch deutliche regionale Unterschiede bei der Versorgung mit Antidepressiva, Neuroleptika und Anxiolytika. Da keine regionalen Zahlen zu Prävalenzraten von Depression, Schizophrenie und Angsterkrankungen vorliegen, kann nicht ausgeschlossen werden, dass es z. B. durch Facharztmangel und somit nicht erfolgter Diagnose oder in Gebieten mit hoher Arbeitslosigkeit und dadurch bedingter höherer Prävalenz von Depressionen, regional zu einer Unterversorgung mit Psychopharmaka kommen kann.

Die Entwicklung bei den Verschreibungen von Psychopharmaka hat gezeigt, dass es trotz Gesundheitsreform und AVWG zu Steigerungen bei den Verordnungen bzw. Umsätzen kam, so dass im Bereich der Psychopharmaka von 2005 zu 2006 keine Einsparungen für die GKV erreicht wurden.

Literaturverzeichnis

[1] Pressemitteilung Gesundheit 1. September 2006; Bundesministerium für Gesundheit unter www.bmg.bund.de am 07.09.2007

[2] Gesetz zur Verbesserung der Wirtschaftlichkeit in der Arzneimittelversorgung vom 26. April 2006; BGBl Teil I Nr. 21 vom 29. April 2006; 984 – 987 (2006)

[3] Schwabe U, Paffrath D: Arzneiverordnungsreport 2006; Kap. 49; Überblick über die Arzneiverordnungen nach Arztgruppen; 955 – 965; Springer Medizin Verlag Heidelberg (2006)

[4] Fricke U, Zawinell A: GKV-Arzneimittelindex – Anatomisch-therapeutisch-chemische Klassifikation mit Tagesdosen für den deutschen Arzneimittelmarkt gemäß § 73 Abs. 8 Satz 5 SGB V. Beschlussfassung der Arbeitsgruppe ATC/DDD des Kuratoriums für Fragen der Klassifikation im Gesundheitswesen am 2. Dezember 2005 (2005)

[5] Mutschler E:, Geisslinger G, Kroemer H K, Schäfer-Korting M: Mutschler Arzneimittelwirkungen, Lehrbuch der Pharmakologie und Toxikologie; 157 – 197; 8. Aufl.; Wissenschaftliche Verlagsgesellschaft Stuttgart (2001)

[6] Hunnius Pharmazeutisches Wörterbuch; 8. Aufl; Walter de Gruyter & Co. Berlin (1998)

[7] Forth W, Henschler D, Rummel W: Allgemeine und spezielle Pharmakologie und Toxikologie; 313 – 338; 9. Aufl.; Urban & Fischer Verlag, Elsevier GmbH (2005)

[8] Anatomisch-therapeutisch-chemische Klassifikation mit Tagesdosen. Amtliche Fassung des ATC-Index mit DDD-Angaben für Deutschland im Jahre 2007; GKV-Arzneimittelindex im Wissenschaftlichen Institut der AOK (WIdO), Deutsches Institut für Medizinische Dokumentation und Information (DIMDI) (2007)

[9] Spießl H, Hübner-Liebermann B, Schmid R, Cording C, Hajak G: Depressive Patienten in der Hausarztpraxis – Wie erfolgt die Behandlung vor der stationär-psychiatrischen Aufnahme?; 148; 97 – 102; MMW-Fortschritte der Medizin Originalien III (2006)

[10] Deutsche Gesellschaft für Psychiatrie, Psychotherapie und Nervenheilkunde (DGPPN); Leitlinie Affektive Erkrankungen – Kurzfassung; Stand April 2000 unter www.uni-duesseldorf.de/AWMF/II/038-012.htm am 26.06.2007

[11] Müller W E: Mehr Licht in das Dunkel der Seele; unter www.pharmazeutische-zeitung.de/fileadmin/pza/2000-22/titel.htm am 30.05.2007

[12] Fritze J, Schneider B, Weber B: Venlafaxin ist kein SSRI, sondern ein SNRI, und das ist relevant; 29 (S); 240 – 244; Psychoneuro (2003)

[13] Schubert-Zsilavecz M, Stark H: Medizinische Chemie moderner Antidepressiva – Targets und Arzneistoffe; 33 (4); 282 – 287; Pharmazie in unserer Zeit (2004)

[14] Gesetz zur Modernisierung der gesetzlichen Krankenversicherung (GKV-Modernisierungsgesetz – GMG); BGBl Teil 1 vom 19.11.2003; 55; 2190 – 2258 (2003)

[15] Sozialgesetzbuch Fünftes Buch - Gesetzliche Krankenversicherung in der Fassung des Gesetzes zur Sicherung der nachhaltigen Finanzierungsgrundlagen der gesetzlichen Rentenversicherung (RV-Nachhaltigkeitsgesetz); BGBl Teil 1; Nr. 38 vom 26. Juli 2004; 1791 – 1805 (2004)

[16] Abschnitt F der Arzneimittelrichtlinie (inkl. OTC-Übersicht); Bundesanzeiger Nr. 226 vom 01.12.2006; 7158 (2006)

[17] Linde K: Johanniskraut bei Depression – eine Übersicht der randomisierten Studien bezogen auf einzelne Extrakte - erstellt im Auftrag der Kommission Qualität und Transparenz von Phytopharmaka des Komitees Forschung Naturmedizin; Version 12.03.2007 (2007)

[18] Bondy B: Das Krankheitsbild der Schizophrenie; 31 (6); 530 – 536; Pharmazie in unserer Zeit (2002)

[19] Saha S, Chant D, Welham J, McGrath J: A Systemic Review of the Prevalence of Schizophrenia; e141; Volume 2,; Issue 5; May; 0413 – 0433; PLoS Medicine (2005)

[20] McGrath J, Saha S, Welham J, El Saadi O, MacCauley C, Chant D: A systematic review of the incidence of schizophrenia: the distribution of rates and the influence of sex, urbanicity, migrant status and methodology; Apr.; 28; 2 – 13; BMC Med (2004)

[21] Deutsche Gesellschaft für Psychatrie, Psychotherapie und Nervenheilkunde (DGPPN): Leitlinie Schizophrenie – Kurzfassung; Stand November 2005 unter www.uni-duesseldorf.de/AWMF/II/038-009.htm am 26.06.2007

[22] Müller N, Riedel M; Therapie mit atypischen Neuroleptika; 31 (6); 558 – 565; Pharmazie in unserer Zeit (2002)

[23] Häussler B, Höer A, Hempel E, Storz P: Arzneimittel-Atlas 2006 – Die Entwicklung des Arzneimittelverbrauchs in der GKV; 187 – 207; Urban & Vogel GmbH München (2007)

[24] Rote Liste® 2007 – Arzneimittelverzeichnis für Deutschland (einschließlich EU-Zulassungen und bestimmter Medizinprodukte); Editio Cantor Verlag Aulendorf (2007)
[25] Deutsche Gesellschaft für Psychiatrie, Psychotherapie und Nervenheilkunde (DGPPN); Leitlinie Angsterkrankungen – Kurzfassung; Stand April 2000 unter www.uni-duesseldorf.de/AWMF/II/038-010.htm am 26.06.2007
[26] Fachinformation; Valium 10 mg Tabletten; Roche Pharma AG; Stand: Februar 2007; Fachinfo-Service Berlin (2007)
[27] Sozialgesetzbuch Fünftes Buch - Gesetzliche Krankenversicherung zuletzt geändert durch Art. 1 des GKV-Wettbewerbsstärkungsgesetzes am 26. März 2007; BGBl Teil 1; Nr. 11 vom 30.03.2007; 378 - 466 (2007)
[28] Arzneimittelpreisverordnung (AMPreis V) vom 14. November 1980; zuletzt geändert durch Art. 32 und 33 des GKV-Wettbewerbsstärkungsgesetzes am 26. März 2007; BGBl Teil 1; Nr. 11 vom 30.03.2007; 378 - 466 (2007)
[29] Was zahlt die Krankenkasse der Apotheke?; ABDA – Bundesvereinigung Deutscher Apothekerverbände, Berlin unter www.aponet.de/apotheke/ampreise/07_03_04_00_00_c_ AMpreise_ebau.html am 06.04.2007
[30] Drug consumption statistics unter www.nam.fi/english/medicines/drug_consumption/finnish_stttistics_on_medicines/materials_and_methods.htm am 16.08.2007
[31] Bevölkerung nach Bundesländern; Gruppe VI A - 173; Statistisches Bundesamt, Wiesbaden (2007)
[32] Lauterbach K, Klever-Deichert G, Gerber A, Küngen M: Kapitaldeckung und Vertragsabschlusskosten der Privaten Krankenversicherung in Deutschland; Studien zu Gesundheit, Medizin und Gesellschaft Köln; Nr. 2 vom 05.04.2006 (2006)
[33] PKV Rechenschaftsbericht 2005; 10; Verband der privaten Krankenversicherung e.V. (2006)
[34] PKV Rechenschaftsbericht 2004; 137; Verband der privaten Krankenversicherung e.V. (2005)
[35] Ausgewählte Basisdaten des Gesundheitswesens 2006; VDAK – Verband der Angestellten-Krankenkassen e.V./ AEV – Arbeiter-Ersatzkassen-Verband e.V (2006). unter www.vdak.de/presse/daten/Auf_einen_Blick/index.htm am 26.05.2007
[36] Auf einen Blick; VDAK – Verband der Angestellten-Krankenkassen e.V./ AEV – Arbeiter-Ersatzkassen-Verband e.V. unter www.vdak.de/presse/daten/Auf_einen_Blick/ index.htm am 26.05.2007

[37] Bundesministerium für Gesundheit und Soziale Sicherung: GKV-Versicherte nach Alter und Wohnort – GKV-Statistik KM6 zum 1. Juli 2005; Referat P25; 363 (2005)

[38] Bundesministerium für Gesundheit: GKV-Versicherte nach Alter und Wohnort – GKV-Statistik KM6 zum 1. Juli 2006; Referat LG5; 363 (2006)

[39] Schwabe U, Paffrath D: Arzneiverordnungsreport 2006; Kap. 42; Psychopharmaka; 819 – 868; Springer Medizin Verlag Heidelberg (2006)

[40] Arzneimittelkommission der deutschen Ärzteschaft: Handlungsleitlinie Depression aus Empfehlungen zur Therapie der Depression; 2. Aufl.; Arzneiverordnung in der Praxis; Band 33; Sonderheft 1. Juli 2006 (2006)

[41] Häussler B, Höer A, Hempel E, Storz P: Arzneimittel-Atlas 2007 – Die Entwicklung des Arzneimittelverbrauchs in der GKV; 234 – 252; Urban & Vogel GmbH München (2007)

Glossar

Arzneimittelverbrauch

Der Arzneimittelverbrauch wird aus dem Umfang des Verkaufs bzw. der Abgabe und der angenommenen durchschnittlichen Tagesdosis (DDD) eines Wirkstoffs bestimmt. Angaben erfolgen als „Anzahl DDD pro 1.000 Personen und Tag“. Nachfolgend ist beispielhaft die Berechnung des fiktiven Verbrauchs von Amitriptylin dargestellt:

- DDD von Amitriptylin (lt. amtl. ATC-Klassifikation): 75 mg = 0,075 g
- Einnahme von Amitriptylin in 2004 (fiktiv): 654.321,7 g
- Einwohner in 2004 (fiktiv): 82,5 Mio. = 82.500 x 1.000
- Berechnung der Gesamt-DDD: 654.321,7 g / 0,075 g = 1.646.089,3
- Bezug der DDD auf Bevölkerung und Tage pro Jahr: 1.646.089,3/82.500/365 = **105,8 DDD/1.000 Einwohner/Tag**

Diese Zahl bedeutet, dass 105,8 Einwohner von 1.000 pro Tag im Jahr 2004 die Standarddosis (75 mg) von Amitriptylin erhalten haben.

ATC-Klassifikation

Die Weltgesundheitsorganisation (WHO) erstellt und pflegt das anatomisch-therapeutisch-chemische Klassifikationssystem (ATC-Klassifikation) mit zugeordneten definierten Tagesdosen (DDD) mit dem Arzneistoffe systematisch erfasst und klassifiziert werden. Dabei wird sowohl das Organ bzw. das Organsystem, auf das der Wirkstoff einwirkt als auch die chemische Struktur, die pharmakologische Wirkung und das therapeutische Anwendungsgebiet eines Wirkstoffs berücksichtigt. Seit 2001 steht die deutsche Übersetzung des Klassifikationssystems als amtliche Fassung zur Verfügung und ist über das Deutsche Institut für Medizinische Dokumentation und Information (DIMDI) erhältlich. Das ATC/DDD-System dient als wichtige Basis für Untersuchungen zum Arzneimittelverbrauch [4].

Die Arzneistoffe werden auf fünf Ebenen in Gruppen eingeteilt und besitzen einen 7-stelligen Buchstaben- und Zahlencode. Es gibt 14 Hauptgruppen (1. Ebene), bezeichnet mit einem Buchstaben, mit einer pharmakologischen/ therapeutischen Untergruppe (2. Ebene), bezeichnet mit einem 2-stelligen Zahlencode. Die 3. und 4. Ebene sind chemische/pharmakologische/ therapeutische Untergruppen, die jeweils mit einem Buchstaben benannt werden.

Die 5. Ebene benennt den chemischen Wirkstoff und wird mit einem 2-stelligen Zahlencode bezeichnet [4].

Beispielhaft setzt sich der ATC-Code für den Wirkstoff Diazepam wie folgt zusammen:

- N — Nervensystem (1. Ebene: anatomische Hauptgruppe)
- N05 — Psycholeptika (2. Ebene: therapeutische Untergruppe)
- N05B — Anxiolytika (3. Ebene: pharmakologische Untergruppe)
- N05BA — Benzodiazepin-Derivate (4. Ebene: chemische Untergruppe)
- N05BA01 — Diazepam (5. Ebene: chemische Substanz)

Bei der Klassifikation der Arzneimittel werden bevorzugt Monopräparate erfasst. International verfügbare fixe Kombinationspräparate werden, soweit möglich, ebenfalls berücksichtigt. Arzneimittel werden nach den Richtlinien der WHO gemäß der wesentlichen therapeutischen Anwendung des Hauptwirkstoffs, also der Hauptindikation, klassifiziert. Jede pharmazeutische Zubereitung, d. h. ähnliche Bestandteile, Stärke und Darreichungsform, erhält nur einen ATC-Code. Ein Arzneimittel kann dann mehr als einen ATC-Code erhalten, wenn mehrere Dosierungsstärken oder Zubereitungen für unterschiedliche therapeutische Indikationen eingesetzt werden. Es soll vermieden werden, dass in der vierten Ebene mehrere Gruppen mit nur einem Wirkstoff vorhanden sind. Aufgrund dessen wird ein neuer Wirkstoff, der nicht eindeutig einer bereits vorhandenen ATC-Gruppe verwandter Wirkstoffe der vierten Ebene angehört, einer X-Gruppe („Andere Arzneimittel“) zugeordnet.

Defined Daily Dose

Als „Defined Daily Dose“ (DDD) oder „definierte Tagesdosis“ bezeichnet man die Erhaltungsdosis eines Wirkstoffs bzw. Arzneimittels, die für die Hauptindikation bei Erwachsenen im Durchschnitt pro Tag verordnet wird. Es handelt sich bei der DDD um eine statistische Größe, die nicht gleichzusetzen ist mit einer therapeutisch angewendeten bzw. empfohlenen Dosis, der sogenannten „Prescribed Daily Dose“ (PDD) [4].

Die Weltgesundheitsbehörde (WHO) gibt die Regeln für die Berechnung der DDD vor. Liegt eine Angabe für eine DDD von der WHO vor, so wird diese für Deutschland übernommen. Es kann davon abgewichen werden, wenn das von der WHO zugrunde gelegte Hauptindikationsgebiet und/oder die empfohlene

Tagesdosis gemäß Zulassung, nicht mit den deutschen Gegebenheiten in Einklang zu bringen sind. Dann wird entweder auf Angaben in allgemein akzeptierten Standardwerken der Fachliteratur oder auf die mittlere tägliche Erhaltungsdosis der Fachinformationen bzw. der Herstellerangaben zurückgegriffen [4]. Das DIMDI gibt jährlich die aktualisierte amtliche Fassung der ATC-Klassifikation mit definierten Tagesdosen (DDD) für Deutschland heraus [8].

Preisbildung und die Erstattung durch die GKV

In der Arzneimittelpreisverordnung (AMPreisV) § 2 und 3 ist die Preisbildung eines Fertigarzneimittels, das zur Anwendung bei Menschen bestimmt ist und in der Apotheke abgegeben wird, dargestellt [28]. Der Preis setzt sich aus mehreren Komponenten zusammen. Auf den Abgabepreis des pharmazeutischen Herstellers wird vom Großhandel ein in § 2 AMPreisV festgelegter Großhandelshöchstzuschlag erhoben. Der daraus resultierende Preis ist der so genannte Netto-Apothekeneinkaufspreis. Laut § 3 AMPreisV erhebt die Apotheke auf diesen Preis einen Festzuschlag von 3 % zuzüglich 8,10 € („Beratungshonorar"). Dies ist der Netto-Apothekenverkaufspreis, aus dem mit der Umsatzsteuer (bis 31.12.2006 16 %, seit 01.01.2007 19 %) der Brutto-Apothekenabgabepreis resultiert.

Der Brutto-Apothekenverkaufspreis (synonym: Apothekenabgabepreis) wird bei der Abgabe eines Arzneimittels durch die Apotheke auf dem GKV-Rezept aufgedruckt. Dies entspricht jedoch nicht dem Preis, den die GKV für das Arzneimittel bezahlt [29]. In § 130 SGB V ist geregelt, dass die Krankenkassen für verschreibungspflichtige Arzneimittel seit dem 01.01.2004 einen Abschlag von 2 € („Zwangsrabatt") pro Arzneimittel von den Apotheken einbehalten. Dieser Rabatt hat sich seit dem 01.04.2007 auf 2,30 € erhöht [27].

Die folgende Beispielrechnung für ein fiktives Fertigarzneimittel verdeutlicht die Preisbildung und die Erstattung durch die GKV:

- Abgabepreis des Herstellers	€ 100,00
- Großhandelszuschlag (hier 6 %)	+ € 6,00
- Netto-Apothekeneinkaufspreis	= € 106,00
- Festzuschlag von 3 %	+ € 3,18
- Apothekenzuschlag	+ € 8,10
- Netto-Apothekenverkaufspreis	= € 117,28
- MwSt (bis 31.12.2006 16 %)	+ € 18,76

-	**Brutto-Apothekenverkaufspreis**	**= € 136,04**
-	Rabatt (bis 31.03.2007)	- € 2,00
-	Zuzahlung des GKV-Versicherten	- € 10,00
-	**Preis, den GKV erstattet**	**= € 124,04**

Die Zuzahlung des GKV-Versicherten richtet sich nach dem Brutto-Apothekenverkaufspreis und beträgt 10 %, mindestens jedoch 5 € und maximal 10^€. Der Preis eines auf einem GKV-Rezept abgegebenen Arzneimittels wird von der GKV also abzüglich des Rabatts und bei Zuzahlung des Versicherten, abzüglich dieses Betrags erstattet.

Abkürzungsverzeichnis

AkdÄ	Arzneimittelkommission der deutschen Ärzteschaft
AMPreisV	Arzneimittelpreisverordnung
ATC	Anatomisch-therapeutisch-chemische Klassifikation
AVWG	Arzneimittelversorgungs-Wirtschaftlichkeitsgesetz
cAMP	cyclo Adenosinmonophosphat
D	Dopamin
DDD	Defined Daily Dose (definierte Tagesdosis)
DIMDI	Deutsches Institut für Medizinische Dokumentation und Information
€	Euro
GABA	gamma-Aminobuttersäure
GKV	Gesetzliche Krankenversicherung
GMG	Gesetz zur Modernisierung der gesetzlichen Krankenkassen
IFA	Informationsstelle für Arzneispezialitäten
KV	Kassenärztliche Vereinigung
MAO	Monoaminoxidase
NaSSA	nordrenerge und spezifisch serotonerge Antidepressiva
NSMRI	nichtselektive Monoamin-Wiederaufnahmehemmer (Reuptake Inhibitors)
PDD	Prescribed Daily Dose
PI	Phosphatidylinositol
PZN	Pharmazentralnummer
SGB V	Sozialgesetzbuch Fünftes Buch
SNRI	selektive Noradrenalin-Wiederaufnahmehemmer (Reuptake Inhibitors)
SSNRI	selektive Serotonin-Noradrenalin-Wiederaufnahmehemmer (Reuptake Inhibitors)
SSRI	selektive Serotonin-Wiederaufnahmehemmer (Reuptake Inhibitors)
TZA	trizyklische Antidepressiva
WIdO	Wissenschaftliches Institut der AOK
ZNS	Zentralnervensystem

Anhang

Aufstellung der untersuchten Arzneistoffe inkl. ATC-Codes und aufgeführtes Kapitel

Arzneistoff	ATC-Code	in Kapitel
Chlorpromazin	N05AA01	3.2.1
Levomepromazin	N05AA02	3.2.1
Promazin	N05AA03	3.2.1
Fluphenazin	N05AB02	3.2.1
Perphenazin	N05AB03	3.2.1
Perazin	N05AB10	3.2.1
Thioridazin	N05AC02	3.2.1
Haloperidol	N05AD01	3.2.2
Melperon	N05AD03	3.2.2
Pipamperon	N05AD05	3.2.2
Bromperidol	N05AD06	3.2.2
Benperidol	N05AD07	3.2.2
Ziprasidon	N05AE04	3.2.3
Flupentixol	N05AF01	3.2.1
Chlorprothixen	N05AF03	3.2.1
Zuclopenthixol	N05AF05	3.2.1
Fluspirilen	N05AG01	3.2.2
Pimozid	N05AG02	3.2.2
Clozapin	N05AH02	3.2.3
Olanzapin	N05AH03	3.2.3
Quetiapin	N05AH04	3.2.3
Sulpirid	N05AL01	3.2.3
Amisulprid	N05AL05	3.2.3
Lithium	N05AN01	3.2.4
Prothipendyl	N05AX07	3.2.1
Risperidon	N05AX08	3.2.3
Zotepin	N05AX11	3.2.3
Aripiprazol	N05AX12	3..3
Diazepam	N05BA01	3.3
Chlordiazepoxid	N05BA02	3.3
Medazepam	N05BA03	3.3
Oxazepam	N05BA04	3.3

Dikaliumclorazepat	N05BA05	3.3
Lorazepam	N05BA06	3.3
Bromazepam	N05BA08	3.3
Clobazam	N05BA09	3.3
Prazepam	N05BA11	3.3
Alprazolam	N05BA12	3.3
Buspiron	N05BE01	3.3
Promethazin	N05CM22	3.2.1
Imipramin	N06AA02	3.1.1
Clomipramin	N06AA04	3.1.1
Opipramol	N06AA05	3.1.1
Trimipramin	N06AA06	3.1.1
Amitriptylin	N06AA09	3.1.1
Nortiptylin	N06AA10	3.1.1
Doxepin	N06AA12	3.1.1
Maprotilin	N06AA21	3.1.1
Amitripylinoxid	N06AA25	3.1.1
Fluoxetin	N06AB03	3.1.2
Citalopram	N06AB04	3.1.2
Paroxetin	N06AB05	3.1.2
Sertralin	N06AB06	3.1.2
Escitalopram	N06AB10	3.1.2
Tranylcypromin	N06AF04	3.1.3
Moclobemid	N06AG02	3.1.3
Johanniskrautextrakt	N06AP01 und N06AP51	3.1.4
Mianserin	N06AX03	3.1.2
Trazodon	N06AX05	3.1.2
Mirtazapin	N06AX11	3.1.2
Venlafaxin	N06AX16	3.1.2
Reboxetin	N06AX18	3.1.2
Duloxetin	N06AX21	3.1.2

Daten zu Abb. 3:

Quartal	Psychopharmaka insgesamt		
	Verordnungen [x 100 Tsd.]	Bruttoumsatz [Mio. €]	DDD [Mio.]
1. Q 2005	80,359	352,412	270,926
2. Q 2005	84,553	385,478	292,159
3. Q 2005	83,768	390,919	291,983
4. Q 2005	85,766	405,781	300,868
1. Q 2006	82,164	398,715	290,536
2. Q 2006	82,279	406,125	297,276
3. Q 2006	81,175	401,020	296,853
4. Q 2006	86,342	423,395	320,354

Daten zu Abb. 4:

Antidepressiva	Verordnungen [x 100 Tsd.]	Bruttoumsatz [Mio. €]	DDD [Mio.]
trizykl. Antidepr. 2005	81,910	181,192	273,738
trizykl. Antidepr. 2006	78,110	164,225	271,060
SSRI/SNRI 2005	56,644	458,450	409,201
SSRI/SNRI 2006	63,358	477,004	466,943
MAO-Hemmer 2005	1,218	8,427	8,260
MAO-Hemmer 2006	1,135	7,293	7,861
Joh.- krautextrakt 2005	4,972	15,039	34,400
Joh.- krautextrakt 2006	3,800	12,322	26,742

Daten zu Abb. 6:

	DDD in Mio.			
Quartal	TZA	SSRI/SNRI	MAO-Hemmer	Joh.-krautextrakt
1. Q 2005	65,473	92,556	2,010	8,818
2. Q 2005	69,618	103,110	2,110	8,528
3. Q 2005	67,831	105,270	2,090	8,016
4. Q 2005	70,815	108,265	2,049	9,037
1. Q 2006	67,176	108,371	1,942	7,497
2. Q 2006	67,334	113,810	1,976	6,094
3. Q 2006	65,371	116,776	1,945	5,838
4. Q 2006	71,180	127,987	1,998	7,312

Daten zu Abb. 7:

TZA	Verordnungen [x 100 Tsd.]	Bruttoumsatz [Mio. €]	DDD [Mio.]
Imipramin 05	12,779	3,027	3,530
Imipramin 06	11,602	2,775	3,374
Clomipramin 05	30,752	9,737	9,972
Clomipramin 06	29,815	8,399	9,952
Opipramol 05	206,362	46,800	60,361
Opipramol 06	188,584	38,852	59,097
Trimipramin 05	107,410	31,455	31,324
Trimipramin 06	106,270	28,503	31,792
Amitriptylin 05	226,016	39,370	90,884
Amitriptylin 06	221,562	38,584	90,661
Nortiptylin 05	10,461	2,136	2,390
Nortiptylin 06	10,558	2,018	2,481
Doxepin 05	187,104	40,527	56,452
Doxepin 06	178,424	37,767	56,168
Maprotilin 05	22,954	4,507	8,079
Maprotilin 06	20,182	3,974	7,392
Amitripylinoxid 05	15,264	3,632	10,746
Amitripylinoxid 06	14,106	3,354	10,142

Daten zu Abb. 8:

SSRI/SNRI	Verordnungen [x 100 Tsd.]	Bruttoumsatz [Mio. €]	DDD [Mio.]
Fluoxetin 05	53,866	20,959	42,675
Fluoxetin 06	54,753	19,281	45,081
Citalopram 05	147,925	96,994	122,419
Citalopram 06	162,787	93,951	137,385
Paroxetin 05	48,546	37,931	39,343
Paroxetin 06	47,182	28,957	39,964
Sertralin 05	52,773	54,260	51,570
Sertralin 06	51,163	38,416	53,445
Escitalopram 05	32,279	31,023	27,219
Escitalopram 06	38,785	39,628	34,424
Mianserin 05	10,089	3,599	3,310
Mianserin 06	8,973	3,179	2,991

Trazodon 05	9,325	3,298	1,786
Trazodon 06	8,705	3,148	1,737
Mirtazapin 05	112,770	90,390	64,212
Mirtazapin 06	133,631	87,008	78,472
Venlafaxin 05	68,577	95,639	45,112
Venlafaxin 06	77,034	116,794	52,541
Reboxetin 05	13,968	9,803	5,203
Reboxetin 06	14,269	10,062	5,429
Duloxetin 05	16,320	14,554	6,353
Duloxetin 06	36,296	36,580	15,473

Daten zu Abb. 10:

TZA und SSRI/SNRI	Kosten pro DDD [€] in 2005	Kosten pro DDD [€] in 2006	Veränderung zu 2005 [%]
Amitripylinoxid	0,34	0,33	- 2,16
Amitriptylin	0,43	0,43	- 1,75
Fluoxetin	0,49	0,43	- 12,91
Maprotilin	0,56	0,54	- 3,66
Opipramol	0,78	0,66	- 15,21
Doxepin	0,72	0,67	- 6,34
Citalopram	0,79	0,68	- 13,68
Sertralin	1,05	0,72	- 31,69
Paroxetin	0,96	0,72	- 24,84
Nortiptylin	0,89	0,81	- 9,01
Imipramin	0,86	0,82	- 4,12
Clomipramin	0,98	0,84	- 13,58
Trimipramin	1,00	0,90	- 10,72
Mianserin	1,09	1,06	- 2,25
Mirtazapin	1,41	1,11	- 21,23
Escitalopram	1,14	1,15	+ 1,00
Trazodon	1,85	1,81	- 1,86
Reboxetin	1,88	1,85	- 1,63
Venlafaxin	2,12	2,22	+ 4,85
Duloxetin	2,29	2,36	+ 3,19

Daten zu Abb. 11:

Neuroleptika	Verordnungen [x 100 Tsd.]	Bruttoumsatz [Mio. €]	DDD [Mio.]
klass. Neuroleptika 05	68,257	156,048	152,848
klass. Neuroleptika 06	66,024	151,292	151,203
atyp. Neurolept. 05	40,308	598,554	103,849
atyp. Neurolept. 06	42,687	707,225	115,207
Lithium 05	4,494	11,395	20,483
Lithium 06	4,407	11,258	20,385

Daten zu Abb. 13:

	DDD in Mio.		
Quartal	klass. Neuroleptika	atyp. Neuroleptika	Lithium
1. Q 2005	36,844	23,404	4,832
2. Q 2005	38,819	25,972	5,215
3. Q 2005	38,343	26,794	5,227
4. Q 2005	38,842	27,679	5,209
1. Q 2006	37,138	26,992	4,996
2. Q 2006	37,984	28,613	5,113
3. Q 2006	37,283	29,009	5,068
4. Q 2006	38,798	30,592	5,207

Daten zu Abb. 14:

Phenothiazine	Verordnungen [x 100 Tsd.]	Bruttoumsatz [Mio. €]	DDD [Mio.]
Chlorpromazin 05	0,233	0,437	0,174
Chlorpromazin 06	0,215	0,404	0,168
Levomepromazin 05	3,329	7,510	4,224
Levomepromazin 06	3,185	7,144	4,096
Promazin 05	0,512	0,778	0,305
Promazin 06	0,002	0,003	0,001
Fluphenazin 05	1,519	7,774	11,988
Fluphenazin 05	1,434	7,417	11,480
Perphenazin 05	0,638	1,793	1,120
Perphenazin 06	0,619	1,737	1,075
Perazin 05	2,663	8,062	16,238
Perazin 06	2,573	7,855	16,092

Thioridazin 05	1,334	3,564	2,103
Thioridazin 06	1,069	2,962	1,851
Flupentixol 05	2,851	13,320	10,999
Flupentixol 06	2,799	13,344	11,376
Chlorprothixen 05	3,881	7,004	6,768
Chlorprothixen 06	3,754	6,801	6,721
Zuclopenthixol 05	1,476	6,084	5,419
Zuclopenthixol 06	1,437	5,718	5,351
Prothipendyl 05	1,945	3,791	2,321
Prothipendyl 06	2,119	3,938	2,578

Daten zu Abb. 15:

Butyrophenone	Verordnungen [x 100 Tsd]	Bruttoumsatz [Mio. €]	DDD [Mio.]
Haloperidol 05	5,514	13,618	21,085
Haloperidol 06	5,319	13,256	20,461
Melperon 05	17,496	31,648	11,745
Melperon 06	17,417	31,241	11,979
Pipamperon 05	7,451	17,319	7,397
Pipamperon 06	7,533	18,077	7,843
Bromperidol 05	0,297	0,980	0,795
Bromperidol 06	0,232	0,782	0,532
Benperidol 05	0,786	2,867	12,440
Benperidol 06	0,766	2,931	12,195
Fluspirilen 05	4,523	11,033	6,855
Fluspirilen 06	3,914	9,462	6,057
Pimozid 05	0,356	1,041	1,348
Pimozid 06	0,333	0,874	1,269

Daten zu Abb. 16:

Atyp. Neuroleptika	Verordnungen [x 10 Tsd.]	Bruttoumsatz [Mio. €]	DDD [x 100 Tsd.]
Ziprasidon 05	8,058	20,797	38,630
Ziprasidon 06	8,954	25,193	46,072
Clozapin 05	42,084	31,774	124,078
Clozapin 06	42,766	32,237	128,691
Olanzapin 05	85,243	191,983	288,768
Olanzapin 06	83,754	218,014	308,940
Quetiapin 05	59,828	89,697	144,740
Quetiapin 06	76,677	126,907	188,501
Sulpirid 05	56,594	1,581	51,272
Sulpirid 06	53,156	13,403	48,521
Amisulprid 05	18,892	34,277	90,743
Amisulprid 06	18,866	27,722	93,068
Risperidon 05	120,305	188,008	252,288
Risperidon 06	129,012	220,838	278,048
Zotepin 05	4,937	1,665	10,560
Zotepin 06	4,488	1,484	9,701
Aripiprazol 05	7,139	24,541	37,416
Aripiprazol 06	9,192	41,427	50,528

Daten zu Abb. 18:

Klass. und atyp. Neuroleptika	Kosten pro DDD [€] in 2005	Kosten pro DDD [€] in 2006	Veränderung zu 2005 [%]
Benperidol	0,23	0,24	+ 4,25
Perazin	0,50	0,49	- 1,69
Fluphenazin	0,65	0,65	- 0,37
Haloperidol	0,65	0,65	+ 0,31
Pimozid	0,77	0,69	- 10,77
Chlorprothixen	2,50	1,01	- 59,58
Zuclopenthixol	1,12	1,07	- 4,82
Flupentixol	1,21	1,17	- 3,13
Bromperidol	1,23	1,47	+ 19,12
Prothipendyl	1,63	1,53	- 6,47
Zotepin	1,58	1,53	- 3,00
Fluspirilen	1,61	1,56	- 2,95

Thioridazin	1,69	1,60	- 5,57
Perphenazin	1,60	1,62	+ 0,97
Levomepromazin	1,78	1,74	- 1,91
Pipamperon	2,34	2,30	- 1,56
Chlorpromazin	2,50	2,40	- 4,06
Clozapin	2,56	2,51	- 2,18
Melperon	2,69	2,61	- 3,21
Promazin	2,55	2,73	+ 6,98
Sulpirid	3,08	2,76	- 10,43
Amisulprid	3,78	2,98	- 21,14
Ziprasidon	5,38	5,47	+ 1,57
Quetiapin	6,20	6,73	+ 8,64
Olanzapin	6,65	7,06	+ 6,14
Risperidon	7,45	7,94	+ 6,58
Aripiprazol	6,56	8,20	+ 25,00

Daten zu Abb. 19:

	DDD in Mio.
Quartal	Anxiolytika
1. Q 2005	36,988
2. Q 2005	38,788
3. Q 2005	38,410
4. Q 2005	38,970
1. Q 2006	36,422
2. Q 2006	36,351
3. Q 2006	35,564
4. Q 2006	37,281

Daten zu Abb. 20:

Anxiolytika	Verordnungen [x 100 Tsd]	Bruttoumsatz [Mio. €]	DDD [Mio.]
Diazepam 05	17,520	20,145	40,236
Diazepam 06	16,378	18,925	37,955
Chlordiazepoxid 05	0,790	1,526	1,740
Chlordiazepoxid 06	0,694	1,344	1,536
Medazepam 05	2,047	3,621	5,019
Medazepam 06	1,863	3,288	4,523
Oxazepam 05	16,551	19,524	19,701
Oxazepam 06	15,071	17,697	17,990
Dikaliumclorazepat 05	2,131	4,140	5,597
Dikaliumclorazepat 06	1,954	3,766	5,197
Lorazepam 05	17,507	24,883	34,516
Lorazepam 06	17,741	24,736	34,761
Bromazepam 05	13,717	18,441	29,381
Bromazepam 06	12,679	16,755	27,322
Clobazam 05	1,135	2,086	2,896
Clobazam 06	1,073	1,966	2,758
Prazepam 05	0,610	1,082	1,052
Prazepam 06	0,544	0,963	0,944
Alprazolam 05	4,005	7,042	11,606
Alprazolam 06	3,858	6,707	11,303
Buspiron 05	0,633	2,995	1,413
Buspiron 06	0,584	2,490	1,329

Daten zu Kap. 5.5.1 bis 5.5.3

KM6: GKV-Statistik 2005 und 2006 (jeweils 1. Juli) [37, 38]

Bundesland	Anzahl GKV-Versicherte 2005	Anzahl GKV-Versicherte 2006
Deutschland	*70.477.283*	*70.298.156*
Baden-Württemberg	8.948.629	8.911.132
Bayern	10.396.596	10.387.207
Berlin	2.704.788	2.708.766
Brandenburg	2.266.142	2.267.725
Bremen	566.539	564.034
Hamburg	1.386.453	1.385.130

Hessen	5.075.306	5.071.881
Mecklenburg-Vorpommern	1.546.771	1.533.131
Niedersachsen	6.862.989	6.866.749
Nordrhein-Westfalen	15.444.637	15.401.772
Rheinland-Pfalz	3.416.824	3.414.809
Saarland	896.143	889.938
Sachsen	3.870.249	3.847.658
Sachsen-Anhalt	2.278.574	2.257.779
Schleswig-Holstein	2.400.964	2.400.261
Thüringen	2.125.473	2.105.185

Daten zu Abb. 21:

	Antidepressiva insgesamt 2005		Antidepressiva insgesamt 2006	
Bundesland	DDD [Mio.]	DDD/1.000 Versicherte/Tag	DDD [Mio.]	DDD/1.000 Versicherte/Tag
Baden-Württemberg	98,304	30,10	104,953	32,27
Bayern	123,356	32,51	130,895	34,52
Berlin	26,673	27,02	29,952	30,29
Brandenburg	19,759	23,89	21,241	25,66
Bremen	4,825	23,33	5,101	24,78
Hamburg	14,727	29,10	15,885	31,42
Hessen	52,934	28,57	56,920	30,75
Mecklenburg-Vorpommern	14,441	25,58	15,752	28,15
Niedersachsen	64,257	25,65	67,587	26,97
Nordrhein-Westfalen	156,243	27,72	165,913	29,51
Rheinland-Pfalz	38,477	30,85	41,311	33,14
Saarland	9,739	29,77	10,397	32,01
Sachsen	38,950	27,57	40,460	28,81
Sachsen-Anhalt	18,609	22,37	19,568	23,75
Schleswig-Holstein	22,260	25,40	23,460	26,78
Thüringen	22,045	28,42	23,538	30,63

Daten zu Tab. 18:

	TZA 2005		SSRI 2005		TZA 06	SSRI 06
	DDD [Mio.]	DDD/ 1.000 Vers./Tag	DDD [Mio.]	DDD/ 1.000 Vers./Tag	DDD [Mio.]	DDD [Mio.]
Baden-Württemberg	34,299	10,50	57,356	17,56	33,770	65,621
Bayern	40,719	10,73	74,750	19,70	39,935	84,473
Berlin	9,709	9,83	14,900	15,09	10,169	17,941
Brandenburg	6,979	8,44	11,638	14,07	6,881	13,501
Bremen	2,639	12,76	1,931	9,34	2,657	2,237
Hamburg	5,825	11,51	8,173	16,15	5,796	9,467
Hessen	19,742	10,66	30,710	16,58	19,621	35,299
Mecklenburg-Vorpommern	4,994	8,85	8,919	15,80	5,051	10,382
Niedersachsen	26,011	10,38	34,763	13,88	25,550	39,182
Nordrhein-Westfalen	66,260	11,75	80,973	14,36	66,306	92,392
Rheinland-Pfalz	16,206	12,99	20,422	16,38	16,079	23,695
Saarland	4,609	14,09	4,618	14,12	4,624	5,358
Sachsen	12,431	8,80	23,847	16,88	12,029	26,419
Sachsen-Anhalt	6,774	8,15	10,820	13,01	6,667	12,163
Schleswig-Holstein	9,054	10,33	11,778	13,44	8,921	13,382
Thüringen	7,486	9,65	13,602	17,53	7,252	15,507

Daten zu Abb. 23:

	Johanniskrautextrakt 2005		Johanniskrautextrakt 2006	
Bundesland	DDD [Mio.]	DDD/1.000 Versicherte/Tag	DDD [Mio.]	DDD/1.000 Versicherte/Tag
Baden-Württemberg	5,667	1,74	4,672	1,44
Bayern	6,292	1,66	4,986	1,32
Berlin	1,678	1,70	1,447	1,46
Brandenburg	0,949	1,15	0,673	0,81
Bremen	0,178	0,86	0,134	0,65
Hamburg	0,492	0,97	0,396	0,78
Hessen	1,764	0,95	1,312	0,71
Mecklenburg-Vorpommern	0,413	0,73	0,207	0,37
Niedersachsen	2,716	1,08	2,144	0,86
Nordrhein-Westfalen	7,388	1,31	5,652	1,01
Rheinland-Pfalz	1,427	1,14	1,113	0,89
Saarland	0,400	1,22	0,298	0,92
Sachsen	2,255	1,60	1,610	1,15
Sachsen-Anhalt	0,834	1,00	0,582	0,71
Schleswig-Holstein	1,166	1,33	0,892	1,02
Thüringen	0,781	1,01	0,627	0,82

Daten zu Abb. 24:

	Neuroleptika insgesamt 2005		Neuroleptika insgesamt 2006	
Bundesland	DDD [Mio.]	DDD/1.000 Versicherte/Tag	DDD [Mio.]	DDD/1.000 Versicherte/Tag
Baden-Württemberg	35,885	10,99	37,181	11,43
Bayern	38,369	10,11	39,286	10,36
Berlin	10,380	10,51	11,564	11,70
Brandenburg	7,931	9,59	8,296	10,02
Bremen	2,640	12,76	2,756	13,39

Hamburg	5,557	10,98	5,740	11,35
Hessen	20,141	10,87	20,857	11,27
Mecklenburg-Vorpommern	6,254	11,08	6,497	11,61
Niedersachsen	25,058	10,00	25,426	10,14
Nordrhein-Westfalen	65,477	11,61	68,084	12,11
Rheinland-Pfalz	14,214	11,40	14,584	11,70
Saarland	4,151	12,69	4,235	13,04
Sachsen	15,211	10,77	15,706	11,18
Sachsen-Anhalt	8,562	10,29	8,848	10,74
Schleswig-Holstein	9,734	11,11	9,896	11,30
Thüringen	7,522	9,70	7,903	10,29

Daten zu Tab. 19:

	klass, Neurolept. 2005		atyp. Neurolept. 2005		klass. Neurol. 06	atyp. Neurol. 06
	DDD [Mio.]	DDD/ 1.000 Vers./Tag	DDD [Mio.]	DDD/ 1.000 Vers./Tag	DDD [Mio.]	DDD [Mio.]
Baden-Württemberg	18,794	5,75	13,845	4,24	18,520	15,426
Bayern	19,848	5,23	14,892	3,92	19,367	16,342
Berlin	5,564	5,64	3,905	3,96	5,920	4,690
Brandenburg	4,486	5,42	3,019	3,65	4,423	3,429
Bremen	1,716	8,30	0,792	3,83	1,751	0,873
Hamburg	2,999	5,93	2,160	4,27	2,922	2,431
Hessen	10,842	5,85	7,847	4,24	10,733	8,685
Mecklenburg - Vorpommern	3,661	6,48	2,297	4,07	3,546	2,642
Niedersachsen	14,811	5,91	8,627	3,44	14,505	9,363
Nordrhein-Westfalen	37,441	6,64	24,072	4,27	37,677	26,445

Rheinland-Pfalz	7,584	6,08	5,555	4,45	7,438	6,088
Saarland	2,547	7,79	1,363	4,17	2,454	1,536
Sachsen	8,123	5,75	5,734	4,06	8,045	6,322
Sachsen-Anhalt	4,820	5,80	3,276	3,94	4,695	3,687
Schleswig-Holstein	5,572	6,36	3,549	4,05	5,315	3,956
Thüringen	3,968	5,12	2,893	3,73	3,933	3,314

Daten zu Abb. 26:

	Anxiolytika insgesamt 2005		Anxiolytika insgesamt 2006	
Bundesland	DDD [Mio.]	DDD/1.000 Versicherte/Tag	DDD [Mio.]	DDD/1.000 Versicherte/Tag
Baden-Württemberg	17,345	5,31	16,908	5,20
Bayern	22,662	5,97	22,014	5,81
Berlin	4,411	4,47	4,370	4,42
Brandenburg	3,112	3,76	2,976	3,60
Bremen	1,566	7,57	1,504	7,31
Hamburg	3,702	7,31	3,571	7,06
Hessen	9,256	5,00	8,766	4,74
Mecklenburg-Vorpommern	3,696	6,55	3,565	6,37
Niedersachsen	14,527	5,80	13,715	5,47
Nordrhein-Westfalen	37,941	6,73	35,157	6,25
Rheinland-Pfalz	7,472	5,99	7,153	5,74
Saarland	4,316	13,19	4,140	12,74
Sachsen	9,413	6,66	8,850	6,30
Sachsen-Anhalt	4,410	5,30	4,068	4,94
Schleswig-Holstein	5,705	6,51	5,415	6,18
Thüringen	3,625	4,67	3,476	4,52

Verzeichnis der Abbildungen und Tabellen

<u>Abbildungen</u>

<u>Tabellen</u>

Weiterbildender Masterstudiengang Consumer Health Care

Der weiterbildende Masterstudiengang Consumer Health Care wurde im März 2001 an der Humboldt-Universität Berlin ins Leben gerufen und ist inzwischen an der Charité - Universitätsmedizin Berlin angesiedelt. Die staatliche Anerkennung erfolgte 2004 mit der Akkreditierung, im Jahre 2009 wurde der Studiengang erfolgreich reakkreditiert. Neben dem Master of Science kann auch das international anerkannte Diploma Supplement erworben werden.

Das Weiterbildungsstudium befasst sich mit den Bedürfnissen der Verbraucher von Gesundheitsprodukten, insbesondere von Arzneimitteln, und untersucht die Entwicklung von Gesundheitsmärkten und deren Wandlungsprozesse unter rechtlichen, pharmakoepidemiologischen und gesundheitsökonomischen Aspekten. Es richtet sich an Mitarbeiter der pharmazeutischen Industrie, Krankenkassen, Consulting-Unternehmen und Verbände sowie an Berufsanfänger, vorzugsweise an Absolventen eines Studiums der Medizin oder Pharmazie oder anderer für Consumer Health Care relevanten Studienfächer wie beispielsweise Wirtschafts-, Rechts-, Ernährungs-, Gesundheits- oder Pflegewissenschaften, Biologie, Chemie, Soziologie, Psychologie, Sozialpädagogik u. ä.

Ziel des Studiums ist der Erwerb und die Weiterentwicklung von Kenntnissen und Fertigkeiten, die bei einer Tätigkeit in der verbraucherorientierten Gesundheits- und Arzneimittelversorgung erforderlich sind, wobei auf ein fächer- und sektorübergreifendes Denken besonderer Wert gelegt wird. Zu den inhaltlichen Schwerpunkten gehören die gesetzlichen Grundlagen einer verbraucherorientierten Arzneimittelversorgung, Pharmakoepidemiologie und Pharmakovigilanz, Gesundheitsökonomie und Gesundheitsmanagement sowie Qualitätssicherung und ethische Aspekte der Arzneimittelversorgung. Weiterhin soll das Ergänzungsstudium eine Plattform für die Konsensfindung zwischen allen Partnern bilden, die an der gesundheitlichen Betreuung teilnehmen. Didaktisch steht eine integrative Wissensvermittlung im Vordergrund, die das jeweilige grundständige Studium der Teilnehmer ergänzt. Die Absolventen erwerben eine zusätzliche Qualifikation und sind damit für leitende Aufgaben im Bereich der Arzneimittelversorgung besonders geeignet.

Das berufsbegleitende Studium setzt sich aus fünf 14-tägigen Präsenzmodulen mit Vorlesungen, Seminaren, Debatten und dem zwischenzeitlichen Selbststudium zusammen. Die Dozenten kommen sowohl aus dem universitären bzw. akademischen Bereich als auch aus der Wirtschaft.

Die Veranstaltungen finden zweimal pro Semester als 14-tägige Blockveranstaltungen statt, d. h. drei pro Jahr und insgesamt fünf. Der Studienort ist Berlin-Mitte. Die Studiendauer beträgt vier Semester und gliedert sich in ein dreisemestriges Fachstudium mit Klausuren am Ende der jeweiligen Präsenzveranstaltungen plus ein Semester für die Masterarbeit. Parallel zum Studium sind zwei Projektarbeiten zu schreiben. Die Teilnahme an den Modulen kann entsprechend der individuellen beruflichen und familiären Situation flexibel gestaltet werden, wodurch die Studienzeit sich gegebenenfalls entsprechend verlängert. Für die erfolgreiche Teilnahme (bestandene Klausuren sowie zwei akzeptierte Projektarbeiten) wird ein Zertifikat vergeben. Für Teilnehmer, die darüber hinaus den Mastertitel anstreben, ist eine schriftliche Abschlussarbeit (Masterarbeit) vorzulegen und in einer mündlichen Prüfung öffentlich zu verteidigen. Der Mastertitel kann jedoch nur erworben werden, wenn durch den Hochschulabschluss des grundständigen Studiengangs 240 Credit Points nachgewiesen werden können. Verliehen wird der Titel „Master of Science".

Der Studiengang ist als Bildungsurlaub laut Berliner Bildungsurlaubsgesetz (BiUrlG) vom 24. Oktober 1990 (GVBl. S. 2209) § 11 anerkannt.

Weitere Informationen finden Sie auf der Homepage des Studiengangs www.consumer-health-care.de

Abonnement

Hiermit abonniere ich die **Schriftenreihe Masterstudiengang Consumer Health Care (ISSN 1869-6627),** herausgegeben von Prof. Dr. Marion Schaefer,

❒ ab Band # 1

❒ ab Band # ___

❒ Außerdem bestelle ich folgende der bereits erschienenen Bände:
#___, ___, ___, ___, ___, ___, ___, ___, ___, ___, ___, ___

❒ ab der nächsten Neuerscheinung

❒ Außerdem bestelle ich folgende der bereits erschienenen Bände:
#___, ___, ___, ___, ___, ___, ___, ___, ___, ___, ___, ___

❒ 1 Ausgabe pro Band ODER ❒ ___ Ausgaben pro Band

Bitte senden Sie meine Bücher zur versandkostenfreien Lieferung innerhalb Deutschlands an folgende Anschrift:

Vorname, Name: ___________________________

Straße, Hausnr.: ___________________________

PLZ, Ort: ___________________________

Tel. (für Rückfragen): _______________ *Datum, Unterschrift:* _______________

Zahlungsart

❒ *ich möchte per Rechnung zahlen*

❒ *ich möchte per Lastschrift zahlen*

bei Zahlung per Lastschrift bitte ausfüllen:

Kontoinhaber: ___________________________

Kreditinstitut: ___________________________

Kontonummer: _______________ Bankleitzahl: _______________

Hiermit ermächtige ich jederzeit widerruflich den ***ibidem***-Verlag, die fälligen Zahlungen für mein Abonnement der **Schriftenreihe Masterstudiengang Consumer Health Care** von meinem oben genannten Konto per Lastschrift abzubuchen.

Datum, Unterschrift: ___________________________

Abonnementformular entweder **per Fax** senden an: **0511 / 262 2201** oder 0711 / 800 1889
oder als **Brief** an: ***ibidem***-Verlag, Julius-Leber Weg 11, 30457 Hannover oder
als e-mail an: ibidem@ibidem-verlag.de

***ibidem*-Verlag**

Melchiorstr. 15

D-70439 Stuttgart

info@ibidem-verlag.de

www.ibidem-verlag.de
www.ibidem.eu
www.edition-noema.de
www.autorenbetreuung.de

Zeitfracht Medien GmbH
Ferdinand-Jühlke-Straße 7
99095 Erfurt, Deutschland
produktsicherheit@kolibri360.de